JN410003

아들아

국립중앙도서관 출판예정도서목록(CIP)

아들아 : 박진용 시집 / 지은이: 박진용. -- 대전 : 지혜 : 애지, 2018
p. ; cm

ISBN 979-11-5728-274-6 03810 : ₩12000

한국 현대시[韓國現代詩]

811.7-KDC6
895.715-DDC23 CIP2018012640

아들아

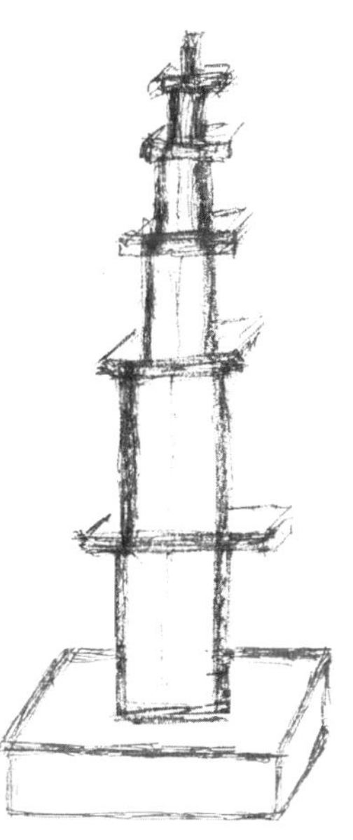

박 진 용

시인의 말

아들이 죽었어요
막막 강천에 산울림 녹음 속에
이 세상 죄 많은 인간이 사는 마을에
하느님이 내려왔어요

빛 노을 서러움 속에
세속의 잠을 깨운 가을빛 하늘 아래
아비어미의 흐느낌 어깨 위에
눈물의 은총을 짚어주셨네

가슴에 묻은 아들
초목 강천을 불태워 물들인 자리
단비 젖은 촉촉한 영락의 영토 위에
붉은 꽃 한 송아리 짙은 향기를 더해주셨네

하늘 바다를 섬긴 내륙의 푸른 산맥
하늘물고기를 무궁무궁 잡아다가 방사한 산하대지
가을 봄 춘하추동 때도 없이 그리워하노라니
내 너의 꿈과 한을 여기 시집에 새긴다

2018년 박진용

차례

제행무상

— 아들의 명복을 빌면서

제행무상 제행무상 물방울 튕기는 덧없는 인생
시샘하듯 휘몰아치는 폭풍의 땅 빛과 그림자의 향기여
홀연한 세상 명멸의 환한 이름이여 붉은 꽃이여
동해 바다 에메랄드빛 텅 빈 하늘 속이다

용해된 금빛 진흙 속에 반짝이는 기억들이
번영과 삶을 위해 머리털 엉킨 창백한 수레바퀴여
머뭇거리는 생애의 모진 가시밭길 풍파 속에
멀어져 가는 세월 속에 오늘은 오늘이다

흰빛과 흰 그림자와 피눈물 발돋움 그리움 속에
우주의 빛을 모아 명멸의 불꽃을 태우는 통곡의 메아리
청색시간 너머 끝없는 태양광선의 피부여 피고름이여
어우러진 푸르른 창공의 날갯짓이여 영혼의 키스여

꽃가루 같은 꽃가루 같은 작고 빛나는 영고성쇠 속에
영원한 불기둥 같은 광음 속으로 파고드는 분노의 어리석음 뿐
얼마 남지 않은 아직 살아보지 않은 시간의 분말들
지울 수 없는 핏빛 가슴을 태운다 마지막 맑은 공기를 마셔본다

생명의 화덕 통곡의 눈물로 일용할 빵을 굽듯 슬픔을 씻고
대답 없는 너의 유골을 두 손에 꼭 움켜쥔 채 거친 물결 위에 흩뿌렸다
자꾸만 뒤돌아보는 생의 골짜기 철썩이는 바다 텅 빈 허공의 말씀
눈에 밟히는 적멸시공이다 동해 바다 에메랄드빛 하늘 속이다

오 운명아 내 가슴을 묶어다오

오 운명 내 가슴을 묶어다오
벽을 두드리는 내 가슴은 붉은빛의 반사
어둠을 쳐 부수는 죽음의 오열
숲속의 포도넝쿨 반딧불이다

차가운 바윗돌 검은 불꽃의 천사
밤의 여행 쏜살 같은 시간의 무덤
만화방창 꽃가루처럼 산천에 불타는 노을
변치 않는 날갯짓 두견새 울음 속이다

세상은 온통 슬픔으로부터 돌아와
빈 손 목소리로 젖은 눈빛으로 둘러싸인
명멸의 노래 사랑만은 포기할 수 없는 발돋움 길
꿈꾸는 일생의 난파 덧없는 보금자리

여행자의 밤을 지키는 불면의 연주
아버지의 아버지의 아버지의 땅 통곡의 골짜기
사랑과 고통을 실을 수레 보이지 않는 세월의 바퀴
가냘픈 주먹 주름 잡힌 세상사 이별 속이다

태양의 상록수 결초보은 눈물
신록의 바다 핏속의 파도처럼 하늘과 함께
잔인한 일광이 빛나는 빛의 광선 부활의 씨알
아들아, 온 누리의 아침햇살이 잠든 너의 영혼을 깨우고 있다

이 밤의 광음을 열고 하늘빛을 열고

이 밤의 광음을 열고 하늘빛을 열고
내 사랑 높은 하늘과 함께
핏속에 흐르는 강물처럼
탄생 또는 새 삶 속에서 부활

쉬거나 깨어나는 태양광선의 아침
신록의 왕관 우아한 청색시간
가슴 속에는 온통 환희의 광선 빛의 노래
사랑을 연주하는 온갖 새들의 현관

번성하고 완성하는 초록식물처럼
잃어버린 자신을 발견하고 알 수 없는 뭔가의 무에서
봉인된 생명의 꽃 어둠과 빛의 창조
화인의 뜨거운 내 심장이 마구 뛴다

물결치는 붉은 노을 속에 취한
하늘의 항구 별똥별 기둥이 지탱하고 있는 세상사
금빛 밤의 폭풍우 불가해한 어두운 공간의 터널 미래시간
물방울 튕기는 인생 길고 짧은 운명의 그물을 짠다

자신을 이끌고 가야 할 수레바퀴 쌍두마차
구멍뚫린 콧구멍 콧김이 서린 채 울음 우는 워낭소리 흰 소
딸가닥거리는 순명의 편자 나의 아들아
조용히 들어 올리는 인생의 길 소릿길 홍단풍이 참 곱구나

이마장 저마장 마장길 위에

이마장 저마장 마장길 위에
초록 씨알들이 움트는 광음의 시간
빛 고울 불타는 세상녘 참사랑
흰 소 타고 가는 달덩이 인생

쪽빛 흐르는 물소리 귀를 씻고
허리 굽은 지팡이 꽂아놓은 마음자리
동서남북 이는 바람 고요히 잠든 적멸시공
천리 밖에서 들려오는 천상의 범종소리

일어나라 깨어나라 만물의 소생 발뒤꿈치
지축을 울리는 열반소식 회오의 피눈물이여
두 손 모아 합장 기도하는 슬하의 자식
처처가 숨 쉬는 곳 영혼의 집이더라

아들아 흰빛 흰 그림자 같은 꽃길 밟고
천상의 달맞이 신천지 피리소리 청음을 깨치고
허리 둥실 어깨춤이라도 덩덩 함께 추어보자
길 위에서 부르는 노래 적멸의 향가를

계수나무 샘물이 솟는 용궁의 아침
금빛 풍경 소리에 하늘이 잠겼다 떴다 하는 산사
적막강산 무일점의 점묘 백팔번뇌 왕생극락
빛 뿌린 메아리 산울림 목탁소리 듣는다

아들아 108

아
들아
아들아 아들아
아들아 아들아 아들아

아들아 아들아 아들아 아들아
아들아 아들아 아들아 아들아
아들아 아들아 아들아 아들아
아들아 아들아 아들아 아들아 아들아

아들아 아들아 아들아 아들아 아들아 아들아
아들아 아들아 아들아 아들아 아들아 아들아
아들아 아들아 아들아 아들아 아들아 아들아
아들아 아들아 아들아 아들아 아들아 아들아 아들아

아들아 아들아 아들아 아들아 아들아 아들아 아들아 아들아
아들아 아들아 아들아 아들아 아들아 아들아 아들아 아들아
아들아 아들아 아들아 아들아 아들아 아들아 아들아 아들아
아들아 아들아 아들아 아들아 아들아 아들아 아들아 아들아 아들아

아들아 아들아 아들아 아들아 아들아 아들아 아들아 아들아 아들
아 아들아 아들아 아들아 아들아
아들아 아들아 아들아 아들아 아들아 아들아 아들아 아들아 아들
아 아들아 아들아 아들아 아들아 아들아
………………………………………………………
……………………………………………………

…………………………………………………………………………

…………………………………………………………………………

초록 네잎 클로버에서

초록 네잎 클로버에서
신성한 십자성 별자리를 가리키는
사랑하는 아들과 함께
하늘의 고요한 거울 다이아몬드

인간의 밤과 함께 잠든
순수하게 빛나는 윤나는 하늘물고기
성좌의 밤을 밝히는 가슴
빛 뿌린 태양광선의 향기뿐이랴

하늘의 빗장이 잠겨진 곳
한결같이 견뎌 온 모진 세월의 반딧불이
탄생 이전의 고독을 길어 올리는 어둠의 길
모래성 풀밭에 붐비는 발자국

미끄러지듯 광음의 빛과 색조의 움직임 속에
숨겨진 바다의 삶과 뿌연 육지의 수증기 방파제
피를 깨우는 불꽃 불면의 터널 춤추는 땅
축축해진 장미 언어의 유희들 물거품들

운명이 바뀐 계단 소금끼 절인 바다의 냄새
계속 살아서 생이 번창하고 꽃 만발하기를 바라는
머리카락 어깨를 쓰다듬어주는 흰 달빛 그림자
여전히 귓가에 철썩이는 소리 눈물 젖은 상념

온 삶 중에서 가장 소중히 생존해서

온 삶 중에서 가장 소중히 생존해서
나날을 지탱해 온 낮과 밤 몽중몽 중에서
냉기에 가까운 외로움을 홀로 뒤에 남겨둔 채
눈물의 키스와 죽음의 공화국을 떠나는

끊임없이 쌓아온 투명한 존재의 집
생존의 소중한 것 모든 것 다 사라지고
물결처럼 이는 괴로움 공허감 슬픈 이별 뿐이랴
홀연히 죽음이 문을 두드릴 때

흰빛과 흰 그림자 속에 마주 서 있는
이슬비처럼 시대의 물결이 출렁이는 표정 없는 얼굴들
한 줌의 흙으로 무일점으로 저마다 돌아가는 꽃다발
남몰래 물방울 튕기는 통곡의 호수가 있다

연년이 해해를 가득 채운 서산마루 햇덩이
통곡의 부재조차 불태우고 싶어 하는 붉은 가슴 오렌지 같은
항해의 씨알 슬픔에게 모든 영역을 다 내어준 자리
이보다 더 큰 스스로를 발견할 수 없다

죽지 않으면 다시 태어나 꽃피우지를 않듯이
무한한 사랑과 영원히 죽지 않는 이 땅덩이 변화
구불구불 흐르는 산천 메아리 달빛사냥 하늘나라 대초원
아들아 어디쯤 가고 있느냐 여한 없이 잘 가느냐

더 이상 갈아입을 몸도 없이

더 이상 갈아입을 몸도 없이
대바구니에 가득 담긴 알맹이 없는 홑껍데기 쭉정이 같은
흰 손바닥 위에 올려놓을 수도 없는 씨알들
가을빛 열매 붉은 시간들이 천천히 나를 핥아 먹는다

세상은 수많은 존재들의 입맛에 따라
혓바닥이 마르고 닳도록 녹아내리는 진토 뿐이랴
단칼로 수박을 자르듯 넘쳐나는 살풍경들
문고리 뒤 풍진세상의 접시들이 야단법석 활개를 친다

어색하지 않게 함께 둘러앉은 자리마다
텅 빈 접시 위에 포크로 찍어 올린 붉은 대화 속이다
볕에 그을린 표정 없는 슬픔처럼 검은 눈동자를 들여다보는 사진첩
코끼리의 코처럼 가슴에 얹은 손이 아프다

우주에서 반짝이는 은하수의 무게만큼
내가 부르다가 통곡으로 쓰러진 밤 허공에 써놓은 이름
꺼지지 않는 빛으로 정수리에 통과할 때
하늘 메아리가 되어 등불을 달아놓은 둥근 달밤이다

귀가 떨어져 나갈 것 같은 천상의 목소리
천상의 목소리가 정지된 청색시간 너머 이승살이
쓸쓸한 기찻길 위에 떨어뜨리고 간 기억의 몸짓
언제까지 손 흔들고 있을 너를 상기한다

찬바람이 불어도 갈아입을 옷도 없이

찬바람이 불어도 갈아입을 옷도 없이
하늘빛 우러러 눈물짓는 광음의 푸른 아침이다
그리움의 관문 같은 하얀 백지 위에
동그라미를 그리려다가 큰 원을 그렸다

사무침이 밀려오는 동그라미 그림자 속에
무심코 눈 귀 코 입을 그려 공백을 채웠더니
믿을 수 없이 투명하게 환한 그리움의 고운 얼굴이여
머리카락 흩날리는 생시의 너의 모습이다

수도꼭지에서 한 방울씩 떨어지는 생명수
내 마음의 손끝으로 자꾸만 날아와 파닥이는 날갯짓
붉은점모시나비가 훨훨 날아와 홀연히 앉은 자리
몽중몽 몽중몽 꿈자리 꽃자리일 것만 같다

맨드라미 붉은 꽃잎 피운 뒤뜰 장독대 앞에서
여름 뙤약볕 햇살을 밟고 걸어오는 바람 부는 발자국 소리
숲속으로 뛰어 들어간 새들은 일제히 벽공을 향해 날아오르고
내 숨찬 심장은 허허로운 벌판에서 버둥질치듯 한다

초록시간 너머 신록의 피가 흐르는 계곡의 물소리
계곡의 물소리 천상의 목소리 텅 빈 하늘의 푸른 목마름
내 혈관에 묻어나는 달빛 소나타 명멸의 사냥터
광음을 열고 광음을 열고 아침 대양이 빛나고 있다

가슴이 멈추고 움직임이 멈추고

가슴이 멈추고 움직임이 멈추고
생각이 멈추고 혈관을 타고 타오르는
입 속의 목소리 손이 멈추고
영원히 죽음 속으로 빠져드는 밤

미친 듯이 잃어버린 눈빛초롱
과일 봉오리를 쓰다듬는 듯 차가운 포옹
태양에서 태양으로 반짝이는 꿈
창백한 순수한 힘을 나에게 주오

지워지지 않는 눈물 속에 비틀거리는 발걸음 속에
행복한 전설 부재의 큰 집 허공의 말씀 같은
암흑 속에서 벽쪽으로 걸어 들어가는
슬픔에게 이보다 더 큰 영역은 없다

시대의 셔츠 땀방울은 소금기에 젖어들고
시간은 끝없이 슬프다
나에게 준 조각난 삶과 부풀어 오른 과일의 색조는
한 줌 흙으로 돌아가는 꽃다발

흙먼지 분명치 않은 바람 찬 날들
항해의 씨앗처럼 쓸어버린 땅의 변화
끝나지 않은 무한한 사랑 대초원의 발견
구불구불 흐르는 강물소리 누리의 빛이 찬연하다

망각의 고운 가시에 찔려

망각의 고운 가시에 찔려
아픈 영혼의 심장을 불태워버린 텅 빈 꽃
뜨거운 시간이 묻힌 풋사과처럼
신선한 빛의 상처 말없이 흐르는 눈물이 있다

두 번 죽지 않는 청색시간 너머
땅 속으로 뿌리를 내린 절명의 시처럼
피부와 뼈를 덮은 붙들어 매놓은 애련한 밧줄
세상엔 움직일 수 없는 잔인한 태양의 햇살이 있다

꿈꾸는 땅 수많은 찬미 속에 넘쳐흐르는 와인처럼
생각에 잠긴 사랑의 침묵 기억 속에 빛나는 인생의 행로
희미하게 자주색 빛으로 천천히 발음되는 음절
잃어버린 가을날의 만추 달빛사냥터 쓸쓸한 목소리

어쩌면 풍부한 기억들이 저장되어 있는
오래된 꿀과도 같은 커다란 술통에 가득 채워진 슬픔들이
필경생처럼 바람에 실려 오는 맑은 공기 불화 없는 저녁종소리
영혼이 숨 쉬는 곳 영혼이 잠든 손수 옷을 지어 입는

날개 없는 비행기처럼 더 이상 필요치 않은
행성의 발견 이미 어둠 속을 가로질러가는 토성의 정복
소리길 위에 반짝이는 구두코 한 짝이 언제부터 벗겨져 있는
지구의 방랑자 붉은 양귀비꽃은 흰 피를 토하고 있다

큰 뿌리를 숨기는 나무와

큰 뿌리를 숨기는 나무와
발가벗은 붉은 꽃잎은 한 몸이다
빗속에 서 있는
슬픈 게 이 땅의 나 또 있을까

하늘에는 청동 구름송이
잃어버린 초록시간을 찾아서
욕망의 이슬을 머금은 꽃이파리 정수리에
십일홍의 하루 환한 햇살 반짝인다

비바람이 그렇게 많이 울었는데
태양의 꽃송이들은 뭣을 위해 가루받이를 했을까
구멍뚫린 일식의 어두운 빛과 그림자 속에
죽음의 씨알들이 입에 물고 날아든 땅

땅 위에 흩뿌린 투명한 풀잎편지
우주의 지리학을 가르치는 죽음의 평화
냉혹하고 사납게 뒤흔들어 놓은 인간의 측은지심
눈물은 차가운 호수의 물방울인 양 늘 마르지 않고 고여 있다

뜨거운 피를 만져본 적 있는
세월의 향기 속에 불타는 저녁노을의 울음소리
피어오르는 불꽃의 연기 뇌운의 통곡처럼
어제의 태양은 떠오르고 꽃잎 지우더라

오는 세월 가는 세월 백 년 동안

오는 세월 가는 세월 백 년 동안
세기를 측량할 수 없는 청색시간 너머
붉은 잉크로 밑줄 그어놓은 정지된 하늘 속에는
하얀 찔레꽃 향기가 왜 이 봄을 슬퍼할까

청산의 봄은 다시 한 번 초록 옷을 입고
창백한 시간 단비를 비산비야에 뿌려주는데
피 묻은 옷자락을 저항하는 종달새의 날갯짓 같은 세상
개미집 흰 탑을 세우기 위해 새벽 강이 흐른다

초로의 짐승 고달픈 삶의 언저리
가을날의 노란 암소 검은 산천의 해골바가지
버려진 초목강천의 안개 그늘진 발바닥 워낭소리
신록의 왕국 죽음의 평화가 고요하다

붉은점모시나비 범나비 변신을 하듯
하얀 찔레꽃 향기 서러운 들녘의 메아리
초목강천 푸르른 오월의 바다를 건너가는
얼마나 많은 먼 기다림의 시간이 장엄함이냐

무엇 때문에 빛이 만들어지고 어둠이 빛나는지
언제 우리는 다시 만나 풍경이 바뀌는지 이 땅의 변화
청동 구름 모자를 벗고 길 위에서 부르는 노래
하늘의 종소리 천둥 북소리 귓바퀴를 찢는다

이를테면 삼신할머니한테

이를테면 삼신할머니한테
인생반환 청구서를 낼까보냐
똑같은 일곱 색깔 무지갯빛에 대해 생각할 때
어떤 색깔이 으뜸인지 내 가슴의 깃발로 펄럭일까

아름다운 숲 속의 눈을 기다리듯
죽음의 탄생 명멸의 청색시간 너머
불타는 사계의 노을빛 향기 청음의 암살자
단검의 독수리 천상의 옷을 훔쳐 입고

가는 길을 잃었을 때 가시들이 있는 자리
길손을 맞는 장미꽃넝쿨 돌담길 태양의 축제
하늘의 음악소리 귀뚜라미 노래 검은 백의의 옷자락
우울한 슬픔이 전해오는 세상녘 바보산수

푸른 책 금단의 이야기 심금을 울리고
주홍빛 보라색 노랑 리본 가난한 마음의 행복
모든 기억들이 떼 지어 몰려오는 광석 같은 옛 생각
소중한 보석상자 뼈 한 줌의 유골단지

이 세상에 무슨 일이 일어나고 있는지
서러움에 겨워 흐느끼는 누구도 원치 않으리라
바퀴도 없이 굴러가는 이 땅의 은총 비바람 구름 목소리
나는 눈물 없이 곱사춤을 춘다 통곡을 한다

세상이라 불리는 이름보다 더

세상이라 불리는 이름보다 더
어리석은 일은 인생이라 불리는 붉은 덫이 아닐까
하늘에는 우산도 없이 먹구름이 주야장천 떠가고
항상 늘 열려 있는 푸른 장천의 눈부심

사바세계 물잠자리 무명 흰옷자락
오방 정토의 색깔 무지갯빛 검은 눈물이여
사막의 여행자 태양의 동행인
달빛 그물에 파닥이는 은총이여

나를 잃어버린 파랑 물결 보금자리
마침내 나 자신을 찾아 눈 뜨는 천둥 목소리
청산의 새 옷 한 벌 훔쳐 입고
슬픈 노래 지저귀는 새들의 현관

칠흑 밤 어둠 뒤에 오는 새벽 아침
암장된 심장 흰빛에 대해 숙고하는 시간
눈물의 갈증 폭풍의 미덕 모호한 명확성 그리고
비로소 죽음의 평화를 얻는 자리

비존재로 이루어진 삶의 은신처
험한 물질 새 한 마리 나는 미끄러운 물고기
부서지는 뼛조각 형상의 날개여 번쩍이는 비늘이여
천 개의 언덕 위에 천 개의 달이 뜬다

여수의 밤은 바다거북이의 눈물로부터 오고

여수의 밤은 바다거북이의 눈물로부터 오고
새벽하늘의 여명은 피 묻은 자유로부터 종이 울린다
그대여 울어 다시 태어나지도 말고 죽지도 마라
카네이션 붉은 입술로 마지막 키스를 한다

존재란 언제부터 태어나서 어떤 곳으로
어디로 가고 있는지 오고 있는지
위아래 상하도 없이 변명할 수도 없는 길
광음의 깃발 해골바가지 선조의 피가 흐른다

위험한 바다의 탄성 웃음소리 속에서
새빨간 양귀비꽃 옷자락 비단실 같은 아편
망각의 기억으로 둘러싸인 꽃 무덤
울지 않는 슬픔 털북숭이 양떼 한 마리

비 온 뒤 종달새처럼 노래할 줄 몰라도
측은지심 흙 한 줌 풀 한 포기 새로울 게 없는 평상심
땅에서 배운 우주의 질서 하늘의 대화
먼 기다림이 있는 보이지 않는 생의 무지개

별똥별이 떨어지는 나뭇잎 포도밭
꿈 깬 꿈속에서 움트는 인고의 뿌리 열매송이
다만 이렇게 헤어지기 위해 많은 청색시간을 썼는지
해골바가지에 그득 담긴 영혼의 흰 달빛을 마신다

오호통제여 슬픔과 기억 중에서

오호통제여 슬픔과 기억 중에서
일월성신의 이름을 가슴에 새긴 날
숲속의 바다 바닷새의 울음소리 파도소리
완강한 비상 꿈꾸는 공간 하늘이 붉다

봄에는 꽃피우지 않는 수목이 없듯이
천고의 가을이 한창일 때 노란 폭파음의 열매
눈부시게 대칭을 이룬 태양광선의 왕관
부당함이 없이 누리는 수확의 기쁨이 있다

초원의 야생 반딧불이 등불을 밝히듯이
가을 국화의 미용사 둥근 달월의 열정 화강암
구멍뚫린 하늘 저쪽 폐쇄된 생의 골짜기
돌풍에 씻긴 검은 평화의 저녁종소리가 울린다

세속이 달려간다 동해바다 흰 물이랑을 밟고
관음보살의 성지 오봉산 낙산사에 화마가 할퀴고 간 자리
좌선방우선방 심장이 마구 뛰는 무릎 꿇어 비나니 지장전 앞에
뜨거운 피와 눈물을 만져본 이는 그 정경을 알리라

단봉낙타를 타고 달빛 서린 세상을 걸어가듯이
불가사의한 사막 행성 간에 빛 뿌린 금지된 시간 너머
천상의 우주복 한 벌을 지어입고 떠나는 광음
벌거벗은 법고의 목탁소리 아들의 영가를 축원한다

천지개벽

천지개벽
동해바다 끝 해원에서
붉디붉은 아침 해가 저렇게
불끈 솟는다

낙락장송
푸른 기상 기암절벽
솔새들은 날아와 온종일 가지 끝에 앉아
울어울어 푸른 꿈만 쪼아대고

동해바다
물결치는 이랑마다
일어서는 빛과 그림자
소리 없는 함성

멀리서
가까이에서
응시하는
형형한 눈빛

꿈은 살아 있기에
장부의 가슴에 서린 의기
텅 빈 하늘의 말씀
손 모아 합장한다

이 땅에 비행기록도 하나 없이

이 땅에 비행기록도 하나 없이
여정도 없이 날아오른 나비의 날갯짓
어떤 문자도 없이 어떤 숫자도 없이
동원명령도 없이 삽과 곡괭이를 든 일개미들

대 폭풍전야 정지된 시간 너머
사랑에 대한 분화구 불타는 세상녘
지구의 유성들이 바다에 가닿지 못하는 기억 속에
강제노동에 끌려간 전몰 장정들의 이야기

페인트칠을 당한 망자들의 냄새 뿐이랴
산천에 이름 없이 묻히고 분진 속에 흩뿌려진 목숨들
금이빨들이 빨대기로 생피를 빨아먹는 자본의 부르주아들
땀방울의 어머니는 노동인데 흘린 피눈물도 없다

수많은 꽃잎과 향기를 뿌린 대초원의 발견
뿌리 깊은 나무는 빛을 향해 걸어가는 초록시간
태양 광선이 고동치는 초록 가슴인데
지문이 묻은 지옥 무자비하게 물어뜯긴 죽음들 뿐

세상에서 누가 일하지 않는 자가 있을까 만은
똑같은 봄 되살아나는 땅 속에서 움트는 씨알의 작은 생명들
누가 이 땅을 더 사랑하고 금빛 계절의 풍요로움 속에서
나뭇잎 가지에 머뭇기리는 새날의 새봄을 기약할까

꽃잎들이 땅 위에 떨어질 때까지

꽃잎들이 땅 위에 떨어질 때까지
무슨 일이 일어나도 촌음을 지킬 줄 아는
십일홍의 붉은 옷자락 금빛 계절에
태양광선의 청색시간 너머

우주의 움직임 장미꽃과의 약속
이 땅의 씨알 먹고 사는 인간들의 터전
셔츠를 갈아입듯 빛을 향해 고동치는 가을
산기슭 야생 난초와 색깔들이 기억난다

강변에 부는 바람 똑같은 봄인데
물길이 바뀌는 강나루 먹구름 바닷길에
문신이 새겨진 바위 지옥의 램프 별들의 향연
얼굴 붉힌 풀꽃들이 길손을 맞는다

계절의 냄새 속에 쉬지 않고 여행을 하듯
여정은 알 수 없으나 정지해 있는 별빛초롱들
사랑에 대한 생각 화산 속에 떨어지는 뜨거운 분화구
봉해진 생의 꽃봉오리 죽음의 향기를 마신다

아직 살아보지 않은 내일을 응시하듯
수증기를 내뿜는 기관차는 기적을 울리며 떠나간다
멀리서 바라보는 나는 지금 몇 점에 와 있기에
찬 빗속에 서 있는 창밖의 내가 쓸쓸하다

금속 한 조각 낱말 한마디

금속 한 조각 낱말 한마디
모래알갱이 물비늘이 반짝이는 강기슭
뱀처럼 미끄러져 흘러가는 인생의 바닷길
달빛 모음들이 뒤척이는 슬픈 밤이여

난파당한 오렌지 같은 고운 이름들과
낡은 옷의 색깔처럼 펄럭이는 나뭇잎 깃발들
친절을 배우는 순수한 해당화 꽃들의 수많은 비애들
부여받은 내 삶의 한복판 혹은 죽음의 언저리

붉은 향기에 감사하는 거북이의 눈물처럼
바닷새들과 함께 번역된 언어 부르는 노래 한 자락
망각의 법정에서 고개 숙인 채 두 눈을 감은 나는 죄인
소금기둥 사막에서 꽃을 피우는 마음

곡기의 씨알처럼 뼛속에 흐르는 피
인의 땅에 과의 열매가 맺힌 흙더미 고랑마다
벌거벗은 바다의 행성들이 이 밤하늘에 무엇을 말해주는지
안개 낀 운무 아침햇살의 둥근 해가 수평선에 떠오르고

하늘빛을 열고 두드리는 행성 간의 신호음처럼
나의 하느님께 손짓 발짓 몸짓으로 핏대까지 세워 불러 봐도
저 하늘의 하느님은 늘 누구와 통화중이시다
저 하늘의 하느님은 늘 누구와 통화중이시다

길 뜬 강남제비가 문득 그리워질 때

길 뜬 강남제비가 문득 그리워질 때
높이 곰 머리 위에 솟은 서릿바람 둥근 달도 단풍들어
오래도록 색동옷 입고 강천에 정착하지 못하고
눈앞에 삼삼히 어리는 붉은 정경이다

끝없는 세속의 무관심 속에
혐오스러운 도시의 오줌냄새 삼색 신호등 뿐
빈 둥지의 보금자리 먼 기다림의 서러운 회오 뿐
섬과 섬을 이어주는 파초잎 향기가 없다

바다 저쪽 구멍뚫린 하늘이기에
불 밝혀놓은 빈자일등의 마음 초록 화강암
지상의 구름다리 험준한 협곡 이다지도 깊이 파인 함정
길러도 길러도 샘물은 목마르기만 하다

홀로 떨어져 있는 나는 어디로 갈까
불구부정 더럽지도 않고 깨끗하지도 않은 길
홀로는 감당키 어려운 윤리처럼
흰빛 흰 그림자가 대지의 가슴을 적신다

한 번 더 저 바다에 발을 담그고
손도 씻고 되풀이되는 지치지 않는 필생의 선언
하늘물고기 무궁무궁 잡아다가 방사하는 날
석화된 열정이 국화꽃 머릿결을 쓰다듬어 준다

이 땅의 광음이 폭파된 자리

이 땅의 광음이 폭파된 자리
동산의 색동옷 오색 단풍이 한창일 때
일 년 내내 계속되는 동산의 낙화송이
열매를 맺지 않은 나무가 없다

무슨 이유인지 상당한 이유 중에
해와 달 사이 일월성신의 반짝임 같은
앞장서서 날아간 창공의 이름 없는 새떼들
눈부신 대칭을 이룬 세상바다

작년의 것과도 같은 숲 속의 노란색
비상을 꿈꾸는 바닷새의 완강한 날갯짓 같은
여생이 어디서 끝날지 모르는 영원이라 불리는 공간
한줄기 눈물에 젖은 슬픔과 기억 중이다

되풀이되는 무거운 청색시간 너머
다만 헤어지기 위해 그렇게 많은 시간을 썼는지
스스로를 사랑하지 않고 자신을 속여 살아온 혈처
달빛의 명당 보금자리 영혼의 해골바가지

세속의 무덤을 짓는 빛과 그림자
지팡이 하나 꽂을 데 없는 구름 나그네
다시 한 번 뒤돌아보는 산천메아리 하늘메아리
품어 앉은 바보산수 풍경이 목을 놓는다

꽃물같이 묻어나는 한줌의 소망같이

꽃물같이 묻어나는 한줌의 소망같이
피 묻은 손톱으로 담벼락을 기어오르는 담쟁이같이
봄 바다를 가득 채워주는 텅 빈 하늘같이
착한 마음 하나로 살기 힘든 세상같이

순수한 땅 사랑보다 뜨거운 눈물같이
고통스럽게 뻗치던 바람이 갇힌 어두운 막다른 골목같이
모가지를 비틀고 짓이긴 양심과 법의 울화통같이
무엇을 위해 스스로 익을 대로 익은 빛깔같이

흙속에 묻어버린 변덕스러운 불만같이
저 하늘을 차마 쳐다볼 수 없는 시체같이
가난한 농부가 밤잠을 덜어낸 아침 굴뚝의 연기같이
가슴앓이 빛을 잃은 얼굴 밭두렁 논두렁 뼈마디같이

귀를 열면 배고픈 냄새 차가운 풀잎 이슬같이
발치에 쌓이는 영혼의 땀방울 노동의 상처 신앙같이
말라붙은 살가죽 끈질긴 투쟁 터지는 함성같이
핏멍울 든 어지러운 대지의 영토 죽음의 평화같이

나래치는 산야 허리끈 동여맨 들녘같이
윙윙 꿀벌 꽃소식 엿듣고 있는 슬픈 하소연같이
조상의 피가 뚝뚝 떨어지는 가슴 속에 붙은 불덩이같이
저 인생 불쌍해 저녁 강 수저통에 노을이 진다

꿈속에서도 과일이 익어가듯

꿈속에서도 과일이 익어가듯
온갖 과수들이 꽃향기 피워주듯
항상 기다려지던 청람의 시간 끝없는 이별
내가 사랑한 사람은 어디에 있기에

별똥별이 떨어지는 분노의 포도밭
측은지심 슬픈 기억을 얼마나 오래 간직 할 수 있기에
구국구국 울음 우는 산비둘기 떼의 날갯짓 하늘
별빛과 대화를 나누는 나뭇잎이 속살댄다

땅에서 배운 위험한 망각의 계절 속에
사면초가로 둘러싸인 운명의 깃발 청음청색 시간 너머
광음의 산고 절박한 입술 죽음은 어디에서 오는지
선고받은 해골바가지 산천초목 속살거림 아우성

먼 봄으로부터 삭풍이 이는 겨울나무 뼈마디까지
형상을 찾는 또 하나의 생의 목소리 한겨울 나의 어머니
별 하나 풀잎 하나 명멸의 푸른빛으로부터 피 가슴에 이르기까지
마음의 손끝으로 휘휘 내저은 까마득한 저 하늘 아래

비존재의 존재로 위험한 물질로 이루어진
천상의 새 옷 한 벌 꿰매 입고 잊어버리는 미덕
어둑 밤뒤에 흐르는 새벽 강이 압살된 심장 눈물의 갈증
잃어버린 새들의 죽지를 노래한다 그리워한다

천둥소리로 살아가는 소낙비 소낙비처럼

천둥소리로 살아가는 소낙비 소낙비처럼
큰기침을 하고 싶어도 말 못하는 가슴패기
추운 계절의 벌판 몸살을 앓고 있는 울부짖음
폭풍이 몰아치며 이 땅 위에 비가 온다

아직도 진피가 고여 있는 영토의 대지 위에
마구 짓밟힌 질경이 풀잎처럼 돋아나는 가난 끼
눈을 뜰 줄 모르는 서러운 자의 눈물자락
포장집 막소주에 취해 비틀대는 거리의 거리

민중의 별빛 하늘을 지키는 애국자도 없고
그리움을 먹고 자라는 뜨락에 모여 앉은 달빛사냥
별똥별이 머리 위에 떨어지고 이유 없이 서성이는 밤
아련한 꿈속 꿈길에도 다가서는 공활한 하늘

어디론가 자유롭게 훨훨 날아가는 새처럼
위안과 절망 속에 살아보지 않은 필생의 발자국
하루살이 불꽃 속으로 뛰어드는 날갯짓 싸늘한 눈초리
우물을 길러낸 목이 탄 갈증 상처만 남은 양심선언

천둥소리로 살아가는 소낙비 소낙비처럼
손을 흔드는 핏발 선 아우성 귀를 열면 배고픈 냄새
내일을 위해 눈을 감으면 더 잘 보이는 이 땅의 검은 상처
지금은 웃자란 미루나무 꼭대기 텅 빈 하늘이다

이 한 몸을 담고 있는 땅

이 한 몸을 담고 있는 땅
외침 하나 풀잎 하나 일어서는 들녘 너머
피 묻은 가슴에 비수를 찔러 넣는 용기
산천초목들이 손 흔들며 아우성이다

산음산색 너머 사방에서 부는 칼바람
뜻을 밝힐 줄 아는 자유의 이름으로 묻어나는
빛나는 대자보 활자와 같은 춘풍의 향기 초록 빛깔들
죽어가는 이름들이 되살아나는 초롱별 하늘이다

귀 기울이면 각혈을 하는 양심 병든 강물소리
불타는 해념이 아픈 마음이 까맣게 타들어가는 시간
보다 큰 몸짓으로 기록된 생의 목소리 그늘진 곳
짐승들처럼 물어뜯긴 심산유곡 산야초들이다

새벽마다 힘차게 일어나 깨어나는
힘차고 당돌하게 저항하는 억눌린 자
자궁 같은 감옥 발기하는 씨알들
시퍼렇게 살아 있는 자손의 핏줄이다

물은 흘러서 목마른 대지를 적시고
새벽 강은 흘러서 우리의 핏줄을 뜨겁게 한다
빈 들녘 알몸으로 우는 풀잎들이 울부짖는 함성소리
흘러가야 할 곳 눈물 같은 발자국이다

씻어야 할 것 벗어야 할 것

씻어야 할 것 벗어야 할 것
이젠 가슴으로 태워야 할 노동자의 눈빛 뿐이야
낙엽으로 떨어지는 날 저문 밤거리
젖줄 같은 질긴 생명 뿐이야

혼탁한 만원 버스 귀갓길에
늙은 농부의 마음 같은 마늘 냄새와
땀 냄새 진동하는 어깨 너머 고달픈 저 인생
분노의 먹물처럼 가슴을 적시는 그것 뿐이야

낮은 곳으로 흘러가는 물빛 비린 냄새
조국이란 이름을 팔아 무례한 인간들의 아우성 뿐이야
눈물 같은 발자국 빈 들녘에서
알몸으로 우는 핏줄 같은 몸부림 풀잎들 뿐이야

스스로 다스리는 천고의 하늘이 높푸르기에
열병을 앓다가 죽음의 꽃으로 사라졌다는 봄소식
세상사 무덤으로부터 전해들은 원통한 꽃상여 길
한 줌의 재로 흩뿌려진 유골의 통곡소리 뿐이야

영 잠을 이루지 못하는 천근의 무게
백만 송이 눈물로 승화된 마지막 영혼의 입맞춤
모진 비바람이 절뚝이며 걸어오는 나뭇잎 그리운 기억
새들의 현관 죽지를 비비며 죽음의 평화를 노래한다

달빛 그물 속에 새들이 파닥이고

달빛 그물 속에 새들이 파닥이고
하늘물고기들이 검은 눈물을 흘리는 창공
떼 지어 먹구름들이 우산도 없이 길을 뜨는 사바세계
이 세상은 지금 무슨 일이 일어나고 있는지

누구도 원치 않는 슬픔이 고독이
굴러가며 움직이는 수레바퀴처럼 날개 돋친 뱀처럼
주홍빛 보라색 노란 리본 삼색 물결 속에 홀연히
별의 나라로 고향으로 떠나는 가난한 사람들

광석의 날개처럼 빛나는 기억의 상자 꿈꾸는 나라
태양과 오렌지 불타는 침대 잠든 우주의 달빛 정거장
반쯤 열린 창문을 두드리며 노래하는 청아한 귀뚜라미 목소리
가난뱅이들은 왜 가난을 벗어나지 못하고 슬픈 노래를 따라 부를까

귀를 열면 하늘에서 들려오는 달빛 종소리
오고 가지 못하는 천릿길 위에 녹슨 철마는 가자 울고
근엄한 숲속의 향기는 일곱 빛깔의 무지개
흰머리독수리는 구름 위를 날아 비상을 꿈꾼다

들녘 끝 제비꽃 푸른 울음처럼 변신하는 나비
움트는 산천초목 봄 무렵 향기는 무슨 색깔이기에
맨손으로 혹은 흰 장갑 낀 손으로 어루만지는 꽃송이
아직 다 피우지 못한 들녘의 풍경을 바라본다

서낭당 돌탑 무덤을 스쳐지나가듯

서낭당 돌탑 무덤을 스쳐지나가듯
돌 몇 닢 적선하듯 쌓아올린 때 묻지 않은 천상의 기도
부푼 마음 세상을 밝고 평생 탈 없이 살기를 바라던 길손 나그네
한 송어리 이슬 같은 눈물이 펑펑 쏟는다

어디선가 내가 사랑하는 이름을 불러주는 듯
작은 산새들의 울음소리가 속 타는 내 가슴 속에 묻어나듯
인정스런 마을을 지나 뼈아픈 목소리
갈매 빛 바람소리 파란 물감을 풀어놓은 하늘나라

고사목 사이 오색 헝겊조각으로 금줄을 쳐놓은 자리
피와 눈물이 고여 흐르는 새벽 강물에 부끄러운 알몸을 씻고
빛나는 봄빛처럼 뜨겁게 흘러가야 할 강
한 맺힌 발길을 적시는 그리움처럼 입술을 깨문다

굽 높은 제사상에 올려놓은 살갗 냄새
멍든 가슴 허기진 배고픔 흰 구름 편에 떠도는
핏발선 노울 썩어가는 오장육보 더러운 육신
한 조각 밑구멍 똥구멍을 닦는 휴지통

믿음마저 잃어버린 저 잘난 얼굴들
병들고 나약한 마음 지친 듯 서 있는 돌탑무덤
돌 몇 닢 적선하듯 쌓아올린 때 묻지 않은 천상의 기도
한 송어리 이슬 같은 눈물이 펑펑 쏟는다

이 한 밤 가슴을 따뜻이 열고

이 한 밤 가슴을 따뜻이 열고
이 땅의 아픈 흔적 우뚝 선 천하대장군처럼
온 몸에 감고 도는 벅차고 힘찬 이름들
저 우렁찬 바다의 함성 통곡소리

산다는 것은 속으로 우는 것
새로 태어난다는 것은 위선이나 눈물이다
촌구석에서 등잔불을 켜는 밤공기는
꿈이나 멋으로 어둠을 밝히는 것이 아니다

생이란 꽃 피우는 고통 새싹이 돋아나는 아픔
부끄러운 곳을 가린 높은 산봉우리 제일봉 정수리에
눈을 배인 시린 발자국 피 묻은 한 톨의 뼈마디
평생 지게작대기와 함께 흙에서 살아갈 인생

도시의 낯선 불빛과 노을 진 동구 밖 느티나무와
숨찬 산등성이마다 별빛을 쓸어내리는 머리카락 어둠 속
절망 속에 몸질하는 영롱한 빛깔로 타오르는 조선의 뿌리 같은
귀를 열면 발을 구르며 다가서는 청색시간 너머

병든 몸을 부르르 떠는 몸짓처럼
이 엄숙한 가을빛 혼불 같은 타는 목소리
조용히 눈을 감는다 피어오르는 금빛 대금산조
눈물 없는 울음처럼 산천초목이 더 푸르다

기쁨과 슬픔을 밟고 빛이 만들어질 때

기쁨과 슬픔을 밟고 빛이 만들어질 때
먼 바다 중심으로부터 별똥별이 비둘기를 날려 보낼 때
자수정 초록 안개 속에 야생의 봄 향기 꽃 무덤 꽃봉오리를 피워 올릴 때
태양광선의 낮은 목소리로 옥수수 밭의 곡식들이 알알이 영글어 간다

촌로의 늙은 짐승 가을의 노란 암소처럼
맑은 공기 청색시간 너머 검은 해골들이 모닥불을 피울 때
소금과 설탕으로 세운 겨울공화국 흰 개미집 탑돌이를 하는 세상살이
텅 비운 들녘마다 황금빛 하늘이 명상을 한다

꿈이 의무라는 지구촌에 사는 나에게 배달된 등기우편
창백한 하늘길에서 죽음의 아무 준비도 없이 수취인 거절도 없이
자전거 페달을 밟듯 은륜의 바퀴가 빛나는 달무리 풍진세상
바람 부는 언덕 제비꽃 풀잎편지 눈물의 통지서

가장 어두운 세기의 아침 한없이 작아지는 마음
피눈물로 찍어 쓴 밑줄 그은 붉은 잉크 소리 없이 일기장을 넘기는 아픔
슬픔은 익을 대로 익은 열매인가 술잔인가 위로받는 몸
달빛 광인의 몸짓처럼 나는 거리에서 비틀거리는 바람

가고 오는 한 백 년 동안 검은 모자를 쓰고
붉은 피를 만져본 적 있는 큰 죄인으로 살아가려니

다 못 다한 사랑 하늘의 은총이 고마워 쓰고 쓰며 표하는 시
이 땅 위에 때 아닌 봄비라도 주룩주룩 내려다오

밭 가는 소보다 짐승보다 꿈을 애태우다가

밭 가는 소보다 짐승보다 꿈을 애태우다가
도살장으로 끌려가는 일상 노동의 땀방울 채찍소리 삶의 터전
세상녘 낯선 사투리들이 나뒹구는 발뒤꿈치들 뿐
움푹 파인 눈가엔 생애의 피로한 짐 속 생활이다

눈을 열면 햇살만 속살거리는 골목길마다
풍문조차 알 수 없는 뜨내기 어설픈 약속 몸살을 앓고
서푼이 같은 웃음 가난과 영욕이 흐르는 눈물의 강
표정 없는 얼굴들과 허튼소리 허튼수작 뿐

토할 듯 토할 듯 토하지 못하는 서러움
피멍이 든 낙엽처럼 땅 위에 떨어져 구르는 초겨울 추위
허기진 마음을 안고 떠난 이는 아직도 집으로 돌아오지 않고
노을빛 붉은 상처 속에 죄 없는 하늘만 타오른다

척박한 땅에도 개나리 개나리꽃은 피고지고
봄녘 들녘 새싹들이 파랗게 움트는 산야의 숨소리
보신정력이 좋은 체신과 부정축재자들이 판치는 꼴 물건들
대한민국 서울의 거리는 빌딩 촌락의 도시

아지랑이 마을길에 닿고자 해도 가닿지 못하고
어딘가 한없이 홀로 걸어가고 싶은 소원 같은 그리움 뿐
아는 듯 모르는 듯 사랑을 실어 보내는 하얀 마음
길 없는 길 위에서 시장끼 푸른 작두를 탄다

닫힌 마음 육신을 다 내려놓고

닫힌 마음 육신을 다 내려놓고
눈짓 하나 거짓 하나 없고 숨김도 없이
모진 세월 속살을 다 파먹힌 피 가슴 언저리
혼자 혼자서라도 백운을 타고 고향으로 돌아가고 싶다

별들이 밤하늘에서 남몰래 까맣게 몽정을 하듯
알몸을 부르르 떨고 있는 옛이야기 쏟아지는 기억의 집
호박꽃 감잎들이 찬바람에 노랗게 떨어지는 흙담집 뒤안길
발을 구르며 모닥불 낙엽을 태우던 냄새

지난 겨울밤이 유별나게 몹시 추웠던 일
주름살처럼 구겨진 달빛 시린 환한 마음속에
이젠 아버지의 핏줄도 늙은 어머니의 젖줄도 다 녹여버린 절정
애통 한 사발 원통 한 사발 불타는 노을 진 세상녘

두 손 모아 왕생극락을 축원하는 신천지 발견
장부의 가슴 정수리에 꽃피운 꽃봉오리 붉은 향기 씨알처럼
다 못 다한 사랑 다 못 다한 이룬 꿈 정령 곧고 바른 길이었을까
이 강산 국토에 빛 뿌린 애국애족의 충언이었을까

마음을 씻은 물 한 방울과 꽃 한 송이 연화세계 일화사상
정토에 당도하거들랑 이승의 범필이 이름 도울 필자가 아닌 필승
필자를 써다오
아들아 애별리고의 텅 빈 하늘의 말씀 속엔 무언의 일언
인의 땅에 과의 열매가 나고 쓴 박은 뿌리까지 쓰리라

마음껏 불꽃같은 기지개를 켜자

마음껏 불꽃같은 기지개를 켜자
언 가슴 녹인 시냇물소리 귀를 씻고
서라벌 하늘로 쏘아올린 온달의 불타는 화살처럼
꿈 한 번 시원하게 불의 세상 꿈꿔 보자

죄 없이 허리만 굽히는 일
제일 힘없는 풀꽃을 짓밟는 일
산다는 게 무언지 몸짓 젖은 비애같이
달빛 서린 목숨꽃만 붉디붉다

죽음에 이르는 고독의 강물처럼
땅 위에 어린 달빛 흰 그림자를 밟고
피멍 든 바보산수 풀끝에 맺힌 잔인한 이슬
폭포처럼 흐르는 광음색조의 신음소리

청초한 국화꽃 얼굴 높은 향기 속에
한 자락 폭포처럼 빛 뿌린 은광의 달빛사냥
서라벌 하늘로 쏘아올린 온달의 불타는 화살처럼
부처 목도 치고 예수 머리도 댕강 베어버리자

사랑보다 더 진한 출산의 진통
비산비야에 물오른 산천초목 작은 씨알들
서라벌 하늘로 쏘아올린 온달의 불타는 화살처럼
꿈 한 번 시원하게 불의 세상 꿈꿔 보자

여울진 물은 건너보고

여울진 물은 건너보고
세상은 겪어 봐야 생을 알 수 있는가
서로 만남도 없이 이대로 믿음을 세울 수 있다면
똑바로 병들지 않고 착하게 살 수 없을까

수심 깊이 흐르는 물과
어둠 속에 갇힌 못 박힌 모진 세상살이
마음 낮춘 곳 뜨거운 몸짓으로 서로를 포옹하고
가까이에서 다정히 이름을 불러주는 것

진한 가슴으로 이 차디찬 거리의 모퉁이에서
풋 서리 초겨울 추위 속에 홀로 서 있는 동구나무
북풍한설 구멍뚫린 하늘 핏줄 같은 나뭇잎 신음소리
진홍빛 노을 속에 지는 하늘과 별빛들이 마지막 교신을 한다

제대로 살아보지 못한 청색시간 너머
허기지고 가난끼 낀 몸서리 발걸음 발돋움하는
이 땅의 초록 머리칼 산천초목들이 달빛에 빗질을 할 때
짐승처럼 울어야 하는 절뚝거리는 마음과 몸부림이더냐

빛 뿌린 저 산봉우리 구름 한 점 바람 한 송이
몸과 마음을 깨끗이 씻어내어 흐르는 산골짜기 맑은 물소리
얼굴 붉힌 부끄러움도 슬픔도 다 녹아내린 순수의 땅 살의 노래여
한 맺힌 색채 다 풀어놓은 자리 텅 빈 산 환한 빛 푸름이 되리라

잘 가거라 나의 아들아
잘 가거라 하늘의 아들아

여기 아버지가 두 손 모아 축원한다
여기 어머니가 두 손 모아 축원한다

가장 순수한 것은 눈물이라 말하지만

가장 순수한 것은 눈물이라 말하지만
눈물보다 더 뜨거운 것은 이 땅에 흐르는 정리다
예전에 못 올라갔던 뒤뜰 높은 감나무에 올라가
신록의 예찬 잘 익은 고향의 냄새를 마신다

한 자락 계절풍이 타오르는 소롯길 위에
철없이 분별없이 막무가내 뛰어놀던 청색시간 너머
사랑의 머리맡 봄꿈을 꾸는 꿈길 같은 철부지
품에 안겨오는 탐스럽게 익은 붉은 연시

보듬어 마주치는 청초한 산야의 꽃송이처럼
알뜰히 보듬어주는 산울림 아름다운 일광의 색조들
눈 먼 청천이 물들어오는 가을빛 그리움들
늙은 감나무 가지 끝에 눈시울 저녁노을이 탄다

이 빠진 순금의 틀니 어금니로 되씹어보는
허공에 나래치는 빈손 손바닥 눈물 눈금의 눈동자
흰 달빛에 흘러넘치는 저승의 핏자국
향내 없는 향기 공허한 발바닥 뼈다귀 울음

나이 들어 아릿한 기억 뿐 주름진 세월 뿐
생의 울타리 너머 청색시간을 곁눈질하는 하루
찢어진 전율 같은 피어린 천 근 삶의 무게
산천은 다시 꽃피워 붉은 열매를 맺는

언어는 인간의 몸속에서

언어는 인간의 몸속에서
피를 먹고 태어나서 자라난 땅
가난하고 지친 땅 한 줌 흙과 돌이 되어
새로운 물길도 흘러 슬픔도 흘러

유랑하는 종족의 발걸음 발뒤꿈치처럼
죽은 아버지의 아들딸들이 다시 피 묻은 말을 배우고
유산을 이어받은 빛나는 별빛 메아리 속에
선고받은 채색된 흰빛 그림자를 밟는다

두 눈을 치켜뜬 채 스스로를 다짐하듯
소금꽃 반짝이는 해변 음울한 바닷새의 울음소리
어두운 의식이 깨어난 가장자리 행성의 무게만큼 사랑만큼
영원한 광음의 잔 속에 한줄기 빛을 뿌린다

운명의 수레바퀴에 이끌려 간 감옥
가슴 속에 대답해주는 하늘의 천둥소리 소낙비처럼
이 땅에 진동하는 신음소리 물결 일으키는 물거품 포말들
하늘문을 열고 생의 의무를 다하는 천상의 길

피를 먹고 태어나서 자라나는 땅
가을빛을 선고받은 빛 뿌린 영고 영원한 땅
죽은 아버지의 아들딸들이 다시 피 묻은 말을 배우고
한 줌의 흙과 돌이 되어 초례청에 마주 선다

비산비야 나뭇잎 한 잎 몸부림처럼

비산비야 나뭇잎 한 잎 몸부림처럼
바람 한 송이 구름 한 점 낙화송이처럼
젖어오는 통곡의 빛깔 기적소리처럼
계절 없이 빛 뿌린 산천초목의 푸르름

소리 없이 흐르는 달빛 강의 흐느낌
확인시켜 주는 폐병 3기쯤 되는 이 나라 땅
산천 골짜기에 타오르는 피 묻은 가을빛 산울림소리
잎 잎마다 각혈을 하는 설움덩이

목적지도 없이 넘어가는 광음의 산마루
땅에 묻혀서야 다시금 살아갈 수 있는 몸부림 같은 씨알들
끝없는 상처 고독한 그리움 잇자국이 묻어나는 산 그림자
품에 안기는 초록물결 작은 꿈의 피리소리

밀물처럼 밀려오는 우주의 단칸방
아무도 찾아주지 않는 귀를 씻어 흐르는 산간의 물소리
이대로 초야에 묻혀 산짐승이 되어 살아도 좋으련만
허리 굽어 일어나는 대륙의 산맥 뼛속에 새긴 안개

모진 세상살이 등짐지운 굶주린 들녘 길
어머니의 젖가슴 같은 봄날을 기다리는 청색시간 너머
진달래꽃 연분홍 아지랑이 피어오르는 송아지 울음
눈물이 핑 도는 창밖의 눈웃음이 서럽다

발자국만 남기고 간 땅

발자국만 남기고 간 땅
봄비가 내리는 외로운 무덤
울음 몇 잔 부어놓은 저녁노을
가시나무 초록 줄기는 갉아 먹히고 잎은 떨어졌다

야망을 이뤄낸 땅
세상의 모든 색깔과 교훈을 얻은 땅
상상할 수 있는 해안선에서
파도보다 빛나는 새

눈에 넣어도 아프지 않은
지상에서 빽빽하게 서 있는 낙화송이 꽃일 때
가난과 고통 눈물만 키워놓은 다사로운 붉은 철쭉
가슴 속에 묻어놓은 산울림 하늘메아리

산 속 개울물에 녹아내리는 꽃향기 그리움
살아 있는 죽음 또 하나의 애무 또 하나의 상처 불꽃의 향기
빨간 미소 핏기 없는 잘 익은 가을바람 귀를 씻고 지고
기다려도 기다려도 돌아오지 않는 천리 밖 강물소리

잠을 덜어낸 꿈으로 젖은 땅
시작과 끝이 없는 밭이랑에 삶을 한 데 모으고
부끄러운 가슴을 열고 달려가는 움직임
사랑할수록 외로워지는 오솔길

속살 냄새가 물씬 나는 바닷길

속살 냄새가 물씬 나는 바닷길
가슴에 찔려오는 계절풍이 뜨거운 햇살
허리 굽은 먼 산 초여름 나뭇잎 반짝이듯 하는
싱싱한 나무 골안개 기지개를 켠다

도시에서 멀리 떨어진 곳도 아닌데
빛과 그늘이 곧추선 정오의 하늘을 떠받치고 있는
태양광선이 가장 투명한 동쪽 해안선 기슭
새들의 금빛 날갯짓 맑은 공기를 마신다

찔레꽃 하얀 웃음이 타오르는 정겨움 속에
바닷길이 열려오듯 흠뻑 젖은 소금꽃 냄새 수줍은 얼굴
붉은 하늘의 둥근 열매 옛이야기 같은 저녁노을
내 안의 야윈 풀잎들이 야윈 손을 흔든다

운명이 이끌고 간 행운의 길머리 위에
빛과 빛이 만들어진 침묵에서 침묵으로 이어지는 공간
광음의 시간 너머 고독한 음절이 울지 않는 흰 종이학을 접어
하늘나라로 날려 보낸 텅 빈 자리 지상의 탄식

이슬이 맺힌 아름다운 기억의 꽃잎마다
새벽하늘에서 떨어져 나온 나침판 아침나절
사랑의 눈물을 먹고 자란 무수한 별빛이 박힌 구름꽃송이
나는 죽은 아들놈의 이름을 부른다 혼잣말을 해댄다

지난날 슬픔을 가릴 수 있는 향기

지난날 슬픔을 가릴 수 있는 향기
진한 빛의 가슴으로 피워 올린 뜨거운 꽃송이
전신으로 전해지는 존재의 모든 것
작고 빛나는 꽃가루 같은 질풍의 길

날마다 헤아릴 수 없는 수많은 밤을 위해
만질 수 없는 신비 백묵의 침묵 세월의 강을 건너
푸른 맥박이 뛰는 향유고래의 유혹 행복을 찾는 세상살이
밤바다의 고향 어쩌면 해일이 일 것만 같다

환상의 선택 숲 속의 꿀 향기처럼
눈물 속에 익사한 벌거벗은 황금의 도끼날 위에
하늘구멍을 뚫는 오색딱따구리와 자맥질을 하는 하늘물고기같이
믿음과 사랑으로 사는 것 외에 대책이 없는 삶

초록으로 차려입은 수목의 터널 홍의 옷자락
바람이 통과하는 푸른 공기 짙은 하늘을 가르며
향유의 날개 꿈을 펼치는 순백의 숨결
수많은 별들이 여행을 떠나는 태양의 궁전

내일을 알지 못하는 청색시간 너머
분리된 장소 오래된 숙련된 필생의 발자국
산 노을 빨갛게 물든 미끄러운 마음
귀 기울여 누가 천상의 노래를 구슬피 부르는가

아들아 달빛 고운 맨발로 걸어가라

아들아 달빛 고운 맨발로 걸어가라
싸락눈 바람이 문풍지를 흔드는 하얀 밤
뚝배기된장 끓여놓고 기다리는 어머니의 밥상 앞에
허기진 마음 애간장 태우는 그리움 뿐이랴

순백의 물방울같이 웅크리고 앉아
온 세상을 다 마신 듯 품에 안고 기다리는
영 오지 않는 어릴 적 풀밭 위에 벗어놓은 꽃신 생각
목을 태우는 은하의 종소리 듣는다

실로 참을성 있는 기억 속에 흐르는
최초의 빛과 흔적조차 지워버린 붉은 수저통 언저리
아주 이상한 침묵이 넘쳐흐르는 텅 빈 엄숙한 충만
한 마음 더 보태지는 차가운 밤공기

못 다한 사랑 핏속에 빈자등불을 밝혀놓고
동공의 나라 격렬한 진동 한 파도 일으키는 심경
살아 있는 무질서 야생마의 발자국 울음소리
끝과 시작을 매듭짓는 영혼의 채찍질 소리

구워놓은 고기 한 점 식탁에는 없어도
하늘에서 배부를 수 있는 가난한 어머니의 젖은 손길
눈물어린 행복을 채워주는 따스운 정성
뚝배기된장 끓여놓고 벙어리같이 우주의 무게를 들어 올린다

신발장 구석에 쪼그리고 앉은

신발장 구석에 쪼그리고 앉은
코도 높지 않고 윤택도 없는 유별나지도 않은
허기진 마음 같은 검은 구두 한 컬레
귀 기울이면 먼 먼 기다림이 있는 발자국 소리가 난다

소반에 담아낸 가난한 밥상 같은
배고팠던 어린 시절의 아픈 기억을 불러내듯
헛기침 소리에 묻어나는 음성 보고픈 그리운 모습
애간장을 졸이는 뚝배기 된장 냄새가 난다

겨울밤 어둠을 태우며 싸락눈이 내리고
문풍지를 흔드는 바람 세상살이 한복판 발뒤꿈치
산사의 은은한 종소리 천진무구한 착한 마음
좋은 세상 더 좋은 세상을 문득 깨닫는다

휘장을 두른 아름다운 광음의 색조 같은
지붕 위의 창공에서 별빛들이 점점이 빛나고
하늘문을 여닫는 열쇠 벽이 없는 영혼의 세계
금은보화보다 더 값진 사랑 눈물을 훔친다

봄이 오면 봄이 할 일이 있듯이
만화방창 꽃피우는 일 푸르름이 베푸는 신록의 찬치
좋은 세상 더 좋은 세상에서 모두 함께 사는 일
산사의 은은한 종소리 천진무구한 착한 마음 목을 놓는다

정든 목소리 귀에 걸어놓고

정든 목소리 귀에 걸어놓고
그리움을 이기지 못해 떨리는 손으로
휘 휘 내저은 저 하늘이 푸른 하늘이 꿈에 본 하늘이
자꾸만 자꾸만 내 마음의 문을 두드리는데

내 삶을 밟고 되밟으며 동행에 익숙해지는데
내 삶의 유배지 크나큰 고독의 종소리 회오리바람
돌아가는 사람 돌아갈 준비가 되어 있는 사람
문득 말할 수 없이 궁금해지는 사람

나는 그대 곁에 가까이 언제까지 있고 싶은데
이 거리 저 거리 모퉁이에서 살고 있는데
바이올린을 켜는 악사 노래를 막 시작하려 하는데
그 사람 내 곁을 영영 떠나야 한다는 걸 나는 왜 몰랐을까

떨리는 손으로 하늘의 다이얼 번호를 돌려도
여보세요 여보세요 나의 하느님께 전화를 걸어도
안타까운 마음 시간의 나비가 되어 파닥이는 별빛초롱
심장이 와르르 무너지는 천둥번개 뇌우소리

꽃가루 눈썹이 풀어놓은 티 없는 맑은 공기
끝나지 않은 침묵이 어둠 속에서 나를 기다리는 듯
새로운 탄생을 지저귀는 파랑새는 하늘 끝으로 훨훨 날아가고
나를 이끌고 가는 운명의 길 위에 저녁노을 깃발이 펄럭인다

불경이 나를 읽는다

불경이 나를 읽는다
온몸에 감긴 108번뇌 108번뇌
이슬 같은 눈물 흘리는 검은 염주 알
내 안의 목탁소리

흥건한 흰 핏자국인가
이름 없는 무덤가에 피어나는
몇 송아리 풀꽃 향기 짧은 인생 초
돋아나는 한숨이 목에 잠긴다

안타까워 손을 흔드는 나뭇잎
물소리도 울다가 꼬리를 적시는 한나절
때 종일 속삭임 다 못한 세상이야기
하늘로 떠가는 백운의 붉은 옷자락

청무 밭 바다를 건너
나름대로 춤을 추는 시간의 나비같이
파도를 헤치며 생의 책무를 다하는 그날까지
푸른 심장의 고동소리 들어라

쉼 없는 광음의 흐름 속에
끊임없는 염송삼매 일심에 사로잡혀
울퉁불퉁한 길 해안으로 통하는 현 시점
불경이 나를 읽는다

행성과 함께 이 세상에 온 동안

행성과 함께 이 세상에 온 동안
곳곳마다에 어슬렁거리는 반항적인 요새
산허리 몇 굽이 감고 도는 몇 송아리 구름 떼
빈 산 계곡에 솔방울 떨어지는 소리

예기치 못했던 알아차리지도 못했던
눈부신 백조들이 날아오르는 갑작스런 침묵 속에
빛 그늘 바다 속의 푸른 수초들이 깨어나고
풍운의 바람소리 강어귀 마을

알몸의 바위에 가만히 기대 서면
허기진 해가 광음의 붉은 모시옷을 갈아입고
마음속에 걸어둔 바람기 묻은 둥근 보름달 얼굴
달빛 어린 풍경과 그리움이 피어난다

빛을 훔친 화려함보다 알밤처럼 영근
자연 속에 빛나는 노래 오래도록 살아가야 할 시간
험한 세상 가을비에 젖은 다사로운 몸짓들
산중 위험스러운 짐승이고 싶다

목선이 떠 있는 바다 장엄한 해넘이
확신에 차 있는 언어 지독한 공포 불길한 주문
자비로운 하늘의 품에 안겨 울음 우는 새
파도야 바다야 난 어쩌란 말이냐

하늘과 바다 그리고 강물이여

하늘과 바다 그리고 강물이여
시방도 아픈 몸짓 내 가슴을 열어도 좋으냐
삶에서 불경스러운 노래를 만나고
동굴에서 꿈 없이 누워 있는 언어의 붕괴

환하게 밝아오는 여명처럼
영영 안 잊을 못 잊을 사람을 보내주듯
울음이 자라서 창해로 흘러가듯 범람하는 세상
이미 선 그어놓고 금 그어놓은 수평선

하늘과 바다 그리고 강물이여
시방도 아픈 몸짓 내 가슴을 열어도 좋으냐
실어 보내고 실려 오는 서러운 눈짓과 손짓 속에
붉은 언덕 아지랑이처럼 낙조가 슬피운다

벅찬 속삭임 거친 숨을 몰아쉬며
내 손을 힘껏 잡아주는 창밖의 차가운 별빛들
하늘로 날려 보낸 완전한 비전 비둘기 떼들의 메타포
청색시간 초록 공기 광원의 자두 냄새가 난다

죽음은 아련한 무지개로부터 오고
행동으로부터 출발하듯 인생은 살풀이 뜨개질
위선과 편견 허기진 한숨 뼈 속에 사무친 사랑
눈물이 핑 돈다 저녁놀에 취해 어둠이 진다

옛 정취 묻어나는 따스한 집

옛 정취 묻어나는 따스한 집
모든 인생살이 어머니의 젖가슴 같은 고향
봄날을 불태우는 환한 진달래꽃 산천
우물가에서 항상 노래 부르는 곳

들녘 강둑 아지랑이 모닥불 연기
다정스레 소곤거리듯 낮은 곳 먼 곳으로
겸손하게 흘러가는 눈시린 강물소리
뼛속에 사무친 사랑 그리운 얼굴들

가진 것 다 놓아버린 아름다운 노을빛 하늘
가슴에 묻어놓은 무덤 하나 산사의 종소리 귀를 씻고
시간의 광음 속으로 곤두박질치는 흰 달빛 옷자락
빈 뜨락을 쓸어내리는 고적한 대나무 그림자

하늘나라 저쪽에서 누가 나를 부르는 듯
이렇게 차가운 밤공기가 내리는 청음한 날
잃어버린 행성의 별빛 목마른 영혼의 입맞춤은 누구의 것이냐
우아한 세상 돌연한 꽃송이처럼 공기를 마신다

한 방울 한 가닥 한 방울 한 가닥
어떠한 충만 어떠한 개화 또는 염원 속에
불의 뜨거운 쇄도 신선한 사랑으로 증폭된 메마른 땅
높은 향기를 퍼뜨리는 생기 손 모아 기도를 한다

길을 걷고 있는 모든 발자국은

길을 걷고 있는 모든 발자국은
어떤 것도 공허하지 않은 뭔가 갖고 있는 꿈
모양과 형태 돌에 씌워진 이름같이
말없이 스스로의 가슴에게 하늘은 대답해 준다

소경한테 생긴 일과 같은 생의 보따리
아무것도 알지 못하고 보지도 못한 단 한 번의 초점
어둠 속에 갇혀 있어도 세상을 똑바로 걷는 독도법
마음을 낮춰야 할 때 겪어봐야 안다

믿음을 세울 수 있는 존재의 집
작은 감사와 미소 속에 있어야 할 곳에
있음이 있는 자기 삶의 손가락질
거세된 분개하는 외눈박이 몹시 화가 난다

이 차디찬 거리 마음 하나로 영 안 통하는
뜨거운 몸짓으로 포옹하듯 늦가을 푸서리 같은 초라한 모습
불신과 대립 꽉 막힌 곳 흩어진 것 노여움이 씻긴
저 높은 봉우리 세상이 바뀐 빛 뿌린 땅

왜 절룩거리는가 왜 짐승처럼 울음 우는가
이 땅의 머리카락 곱게 빗고 핏줄 터져 피가 넘쳐흐르는
굳게 다짐하고 소망의 노래를 부르는 다정한 목소리
말없이 스스로의 가슴에게 하늘은 대답해 준다

이 세상에서 가장 순수한 것은 눈물이 아닐까

이 세상에서 가장 순수한 것은 눈물이 아닐까
피는 눈물보다 더 순수하고 흘리면 왜 자꾸만 뜨거워질까
오래된 감나무에 올라가 밤하늘 별에 닿을 때까지
손가락이 가리키고 물감이 묻어나는 고향 냄새

몸이 아파도 아프지 않다고 말하는
기대고 기댈 수 있는 수줍은 얼굴 붉은 홍시처럼
쉽게 품에 안길 수 있는 밤새도록 흐르는 한탄
부끄러운 알몸으로 눈부시게 씻긴 가을 강 울음소리 듣는다

피와 눈물이 실어 나르는 몸과 마음을 달래기 위해
떠도는 흰 구름 편에 그리움의 주소를 남몰래 가슴 적시고
때로는 보은의 노래 정처 없이 걸어가는 무거운 발길
허기진 풀밭 위에 일렁이는 찬바람을 쓸어안고 뒹군다

거부하는 몸짓처럼 허리 잘린 이 땅의 눈물
핏발선 강한 애족의 핏덩이 눈총을 쏘는 비난의 화살
식탁에 올려놓고 한을 씹는 살갗냄새 가슴앓이
맨발로 돌멩이에 채인 채 누가 하늘에서 내 이름을 호명하는 듯
하다

멀리 떠난다 해도 같은 하늘을 벗어날 수 없는
한눈을 팔 수 없는 애처로움 붉은 마음 한 조각 불타는 놀
산기슭 속엔 죽음의 신앙 평화의 시간 나비가 되어
내 마음 산천에는 철쭉꽃이 피처럼 피고 속죄가 흐른다

온 산이 단풍들어 잠긴 옛 마을에

온 산이 단풍들어 잠긴 옛 마을에
불현 떠난 사람 기억하는 아픈 가슴
허기진 걸음으로 피눈물을 훔치게 하는 하늘녘
초록시간 너머 붉은 태양광선의 입맞춤

주소도 없는 산자락 조각구름 편에
털어내고 토해내고 싶은 필생의 발돋움 나침판
아무렇게나 내깔긴 오줌발 똥덩이 배설물들
내 부끄러운 알몸을 장사지내고 싶다

이미 이 몸은 죽어 천 년의 백 년 인생인데
백골은 썩어 나를 홀로 남겨두고 떠난 혼백자리
외롭고 쓸쓸한 피 묻은 마음 달래기 위해
붉게 물든 홍의 옷자락 불타는 산천

내 핏자국처럼 벼랑 끝에 핀 꽃
뇌성치고 비바람에 짓밟힌 꽃 청초하게 핀 꽃
불살라 먹은 가난한 땅 적막 속에 핀 꽃
맘속 하늘에 걸어놓고 오래도록 두고두고 보고 싶은 꽃

온 산이 단풍들어 잠긴 옛 마을에
불현 떠난 사람 기억하는 아픈 가슴
허기진 걸음으로 피눈물을 훔치게 하는 하늘녘
초록시간 너머 붉은 태양광선의 입맞춤

텅 비고 차가운 하늘 아래 서서

텅 비고 차가운 하늘 아래 서서
푸른 봄 삼림지대 자연 그대로 솟아오른
메마른 황무지에서 아름다운 화관을 쓴 자태
이 땅 위에 붐비는 야생 엉겅퀴꽃 보았다

반란의 칼보다 우아한 청색시간 너머
쓰디쓴 토양 가시로 무장하고 향기 품은
존재로 폭발하는 검붉은 해안선 저만큼
혹독하고 무자비한 폭염 속에 홀로 의연하다

오랜 세월의 뿌리 피멍든 가슴으로
부끄러운 몸짓으로 여름을 애태우는 발길
모든 것 살아 움직이는 주홍빛 불꽃
과거를 벗어던진 부싯돌의 팽창

이 땅에 다시 태어나 일어서는 아침햇살
더 이상 말할 것 없는 무거운 눈꺼풀 속에
홍의의 옷자락 흰 머리카락을 풀어놓은 거친 파도
영혼의 글자를 가슴에 새겨놓은 광음의 목소리

뭔가 맥박처럼 심중에 남겨놓은 발자국
전생의 그늘진 나무 해안선 북극성 별자리
세상바다 성좌의 거리 불타는 운명의 사륜마차
한 생명의 흙 한 덩어리 야생 엉겅퀴꽃 보았다

선 그어놓고 금 그어놓은 저 세상으로부터

선 그어놓고 금 그어놓은 저 세상으로부터
용량이 큰 그릇 얽어 짠 하늘그물을 펼쳐놓고
온 바다 밑에서 한 마리 물고기 비늘이 파닥이는
피 묻은 작살과 소금이 필요했느니

빈약한 땅 청순하고 청백한 맘속에
하늘물고기 무궁무궁 잡아 방사한 배고픈 바다
날아오르는 항구 방파제 사이에서 살아가는 바다제비들
웬일인지 목메어 쓰러진 거친 파도가 운다

용궁에도 계절이 바뀌어 용담꽃을 피웠느니
파랗게 하늘을 날아오른 그 꽃 한 송아리 꺾어들고
피 흘린 내 가슴의 품안에 품은 죄밖에 없는데
달빛 어린 언덕 위에 일렁이는 몸짓은 누구의 것이냐

조용히 별빛 이슬 내리는 어둠 속에서
가을의 편지 가련한 해안도시의 난폭한 바다
저주받은 땅 묻어버린 슬픔 속에 알 수 없는 비밀한 인생
지각할 수 없는 시선들 침전된 돌연한 침묵들

죽음의 평화를 얻은 하늘과 바다의 전선
모든 게 분명해진 해넘이 노을 진 신호 빛 뿌린 자리
저 세상으로부터 선 그어놓고 금 그어놓기 전에
슬픔이여 나에게도 푸른 광선의 날개를 펼치게 해다오

내 운명의 검은 날개 속에는

내 운명의 검은 날개 속에는
너무 많은 햇살이 눈부시다
한낱 광선의 빛 찰나 넓은 들에서
피어오르는 황옥의 입맞춤은 사치스럽다

풍부한 빛과 하늘에서
검은 날개를 펴는 슬픔이여
땅 위의 낙루 강우를 그리워하느니
나에게 조용한 무덤의 아침을 맞게 해다오

있지 않은 일을 상상하듯이
일어나지 않은 꿈을 꿈꾸듯이
슬픔을 가로질러 하늘로 날아간 새
내 안의 파랑새 한 마리

한숨을 내뿜는 밤이 태어나고
등유를 채운 남포등 불빛이 희미한 밤
이제 나는 검은빛 검은 날개를 펼치려 하느니
나에게 차가운 피를 뿌린 이 땅을 짓밟게 해다오

하늘문이 잠긴 열쇠 부서진 열쇠구멍
버려지고 비참해진 덧없는 짧은 일생 동안
거미줄 황혼 속에 떨고 있는 길손이여 슬픔이여
나에게 기쁨과 의무를 다하는 노래를 부르게 해다오

피눈물 몸짓처럼

피눈물 몸짓처럼
벼랑 끝 꽃송아리 핏자국처럼
벗을 것도 없고 입을 옷자락도 없는
나는 위험한 산짐승이다

짓밟힌 풀밭머리에서
머리카락을 풀어헤친 혓바닥이다
이젠 거짓도 없고 용서도 없고
숨길 것도 없는 인생살이

지수화풍 몽매에서라도
한 줌 흙이 되고 물이 되고 불이 되고 바람이 되어
자국자국 자국마다 자국 진 흔적마다
죽음의 노래 평화를 원하노라니

공중에서
수직 낙하하는 천길 폭포처럼
세상을 다시 읽고 배우는
삶의 교훈

불경이 나를 읽듯
죄 지은 것 많은 생존의 눈물
문풍지 찬바람 앞에 깜박이는 모국어 불심지
나는 고향으로 돌아가는 등잔불이다

먼 거리의 동행인

먼 거리의 동행인
언제나 걸어서 타파하는 여행길
어깨 위에 메고 있는 무기와 칼도 없이
싸울 일이 없는 물이나 흙 뿐

높이 솟은 나무와
벽이 만들어있지 않은 푸른 바다와
때때로 휴식이 있고 노동이 있는 바람소리 뿐
몸과 마음이 떠나지 않고 편안한 곳

자유가 신앙인양 마구 사는 세상을 지나
정절이라는 놈 위법이라는 놈 삶을 핥으며 물어뜯는 놈
이미 금 그어놓고 선 그어놓은 또 다른 세계 뿐
피 묻어 아우성치며 내뱉는 통곡소리 뿐

마주친 눈빛만 바라보아도
관 뒤에서 눈물을 흘리는 위선자들 뿐
공동묘지나 무덤을 스스로 파는 좀 벌레 적폐들 뿐
가난하고 피곤에 지친 발길들 뿐

새 옷감을 자르고 셔츠를 갈아입듯
애써 아름다운 문장도 없이 돌에 새겨진 이름들과
다시 돌아오지 못하는 황천길 가시밭길
녹슨 철마는 가자고 기적이 운다

한 톨의 쓴웃음과

한 톨의 쓴웃음과
목구멍에 걸린 흰 뼈마디
피 묻은 붉은 양심 한 조각과
너무나도 인간적인 사람이 그리울 때

찬비에 젖은 한풀이 발자국
목적을 위해 짓밟아버리는 정적들
부끄러움도 모르는 암내를 풍기는 말처럼
문제인 일당들 정치사냥꾼들 모리배들

개가 짖는다 밤도둑이 무서워서가 아니라
칠흑 같은 밤하늘이 실긋해서 싫어져서 돌아서는
불고추를 씹으며 평생 지게와 함께 사는 농군의 아들처럼
고향을 밟는 금간 담벼락 흙담집

앞마당 어둠을 쓸어내는 싸리비소리
숨찬 산등성이 나라의 키보다 더 자란 동구나무
백의의 뿌리 영혼의 빛깔로 열려오는 봄
환한 얼굴 산천초목 풀냄새 꽃향기

고개 숙인 귀를 열면 발 구르는 소리
분명한 정체 해골처럼 히죽거리는 무리들 모습들
이 엄숙한 시간 삼켰던 마음 토해내듯 우뚝 선 함성
네 이놈들 우리 할아버지 지게작대기 휘두른다 호통이시다

일하기 위해 존재하는

일하기 위해 존재하는
어딘가로 죽음을 향해 굴러가는
강돌처럼 급류에 떠밀려서 하류로 사라져가는
잘 알 수 없는 못난 세상살이었을까

아직 살아보지 못해 남긴 것 없고
그를 매일 기다리며 집으로 돌아갈 때까지
온전한 씨알 하늘이 감싸주는 인간성의 회복
못질한 관 속에서 부활하는 일

가진 자들은 그렇게도 많은 것을
잔인하게 소유해야 했을까 빵을 만드는 가난한 사람들
마땅히 그것을 먹어야 하는 녹슨 사슬에 묶인 목숨
이제 더 이상 회색 광산에 끌려가서는 안 된다

창백한 목장갑을 낀 미천한 행려들
무덤을 향해 걸어가는 목 메인 목소리
살아 있는 동안 삶에 불을 붙인 혼자가 아닌 가족들
누가 노래를 부르는가 세상에 넘칠 것만 같다

피 묻은 언어를 익히고 진흙을 밟고 지고
계속 세상에 그런 줄도 모르고 후인이 태어나서
여전히 똑같이 살아가야 하는 충만한 힘이 그립듯이
친구들이 없지는 않지만 의분이 불안하다

바람 도둑도 다녀가고

바람 도둑도 다녀가고
달빛 도둑도 다녀간 자리
사람들이 넘쳐나는 제멋대로인 거리
나를 억누르고 노래할 수 있는 공간을 찾아

태양이 만든 열쇠 광야를 측량하고
하늘빛이 부서진 창문을 열고 바다로 가는 길
지치는 법이 없는 미혹도 막지 못하는
빛 뿌린 광음의 도시 생의 언덕

오고 가고 다시 돌아오지 못하는
만조 때 때때로 눈물로 생각나는 사람
생의 의무를 물려받은 생명줄이 불타는 바다
노래하고 또 노래하는 짧은 인생

일어난 일을 설명할 수 없을 때
눈을 감고 비틀거릴 때 내 손을 잡아주고
슬픔으로부터 위로받는 청색시간 너머
물마루 흰 파도가 환한 빛을 뿌린다

썰물일 때 암초에 부딪치는 일
나를 둘러싼 죽음의 평화 존재의 의무 같은
삶을 향해 걸어가듯 서로 다정히 인사를 나누는 거리
사랑으로 증폭된 신선한 공기를 마신다

오래된 밤과 다투기라도 하듯

오래된 밤과 다투기라도 하듯
하늘문을 두드리는 어두움은 여일하고
분출하듯 고동치는 광대한 빛줄기
밤새 싸우는 해변의 파도소리

바닷물에 씻긴 밤의 분화구
아침 햇살의 금빛 머리칼을 흩날리듯
소금끼 묻은 새벽길 피로 물든 세상사 인생사
어디에서도 답장 받을 수 없는 풀잎편지를 쓴다

많은 슬픔 중에 잔혹한 기억 속에
생각에 잠긴 상처 빛 그늘 분위기 속에
밤새 기다려도 돌아오지 않는 그리움의 부재 속에
무영탑 위에 어리는 흰 달빛 그림자

쓸쓸한 선창가에 기대앉은 뱃길 항로처럼
지금 이 시간 아직 끝나지 않은 핏빛 갈등 속에
모양과 형태 그 어떤 것도 모두 다 공허한 꿈길 같은
안으로 스스로 대답하는 초점 잃은 마음의 자리

밟은 땅이 흔들리고 하늘이 무너지듯
내 삶의 손가락질 거세된 외눈박이 소경
온갖 괴로움을 다 떨치듯 마음속의 기도 속에
세상을 노래하는 젖은 목소리 광음 속을 달려간다

죽음의 통로의 길은 끝나지 않고

죽음의 통로의 길은 끝나지 않고
더 이상 꽃을 피울 수 없는 꽃다발을 바치고
아무 일도 일어나지 않은 듯 바다의 수심 물결 위에
마지막 뼈들의 숫자와 이름을 기억한다

새들과 함께 사라져간 목숨꽃들
그보다 더 길게 목을 늘어뜨리고 묵례를 하는
바다거북이의 눈물 속에 카네이션 향기를
순결한 깃발 무수한 별똥별 이야기

장바구니에 담긴 어머니의 시간처럼
노래 한 구절 때때로 오렌지 같은 가족의 미소
사랑처럼 빛나는 부드러운 낱말들
어떤 언어는 나뭇잎에 비를 뿌린다

멀리서 바라보는 것은 아름다운 풍경
아직 살아보지 못한 미래의 청색시간 너머
여정의 문자 나비의 비행기록
정지해 있는 폭풍의 날개 생의 분화구

새벽 공기의 음절 날카로운 송곳니
양귀비꽃의 두개골 붉은 도시의 양철지붕 위에
더 높이 열려오는 창대한 슬픈 하늘녘
창가에 봉인된 무덤 빛의 광선을 응시한다

하늘의 하느님께 속사정을 설득해 볼까

하늘의 하느님께 속사정을 설득해 볼까
땅 위의 산울림 메아리에게 이를 부탁해 볼까
변천하는 미래의 청색시간 초록 화강암 햇살에게
바다 저쪽에 구멍 뚫린 세상 이야기를

도시의 진동 바람의 질서 꽃이 핀 공동묘지
삶의 처형장 무관심으로 살아가는 섬과 섬사람들
바다를 주유하는 향유고래의 작살 피로 물든 물고기들
끝없는 전장의 돌풍 지구촌을 떠나는 행렬들

떼 지어 달에 정착한 인류의 흔적을 찾아
새벽 강이 흐르는 곳 거북이 등을 타고 가는
불가사의한 인간의 사막화 타박타박 걸어가는 하루
심해 용궁의 눈물 단봉낙타의 후예들

지구와 행성 간에 금지된 시간 너머
우주복을 입은 초록 권능의 왕관 새들의 지저귐
안개 낀 세상 진실을 향해 숨겨진 은신처
품격이 있는 자존의 자부심 망각의 법정에 나아가서

마지막 생의 최후의 반론 찢어진 깃발일지라도
장차 곡식의 씨알 진짜 흰 뼈가 묻혀 있는 하늘과 땅
슬픈 시 자신의 눈으로 바라보고 만져보고 느낄 수 있는 자리
고향의 냄새와 고향의 맛을 품어 간직하는

눈으로는 보지 못했다오

눈으로는 보지 못했다오
귀로는 들었다오
귀로는 듣지 못했다오
눈으로는 보았다오

끝없는 바다의 무관심 속에
이 세상을 아롱지게 하는 오징어의 먹물들을
진동하는 파도소리 혐오스러운
바다의 오줌 냄새 뿐

부서지는 초록 남청색과
구멍 뚫린 화강암의 주름살 뿐
왜 꿈의 바다 저쪽에는 함정이 늘 파져 있고
폐쇄된 꽃길마저 분별할 수 없을까

바다를 한 번 더 가서 만져보고
물거품 물결에게 똑같은 열정의 생의 질문을
선언하듯 언제까지 되풀이해서 물어볼까
얼마나 생은 낭비적인지

나선형 말조가비에게도 칼조개에게도
야심한 밤 초원의 빛 떨기 개똥벌레에게도
한 줌의 흙 은빛 모래알에게도
설득해 내 인생 티 없이 살아볼까 하오

비둘기들이 평화를 노래할 줄 모른다면

비둘기들이 평화를 노래할 줄 모른다면
외로운 양떼들은 흰 구름 슬픔을 말할 수 있을까
털북숭이 그리운 고향 산천의 강기슭 언덕에
풀피리 버들피리 청보리 농군의 워낭소리

그 임무를 다한 뒤에 무슨 일이 일어났을까
화가 치밀었을까 측은지심이 얼마나 오래 버티었을까
봄 가지에 싹 틔운 새로울 게 없는 하늘의 대화
뿌리와 함께 땅에서 배운 인고의 정신이여

항상 기다리는 고통과 해후의 기쁨 뿐이랴
지평선이 끝나는 별들이 빛나는 영혼의 무지개를 타고
유성별이 뿌려진 포도밭 내 어린 시절의 해골들이
나를 쫓아오는 그렇게 많은 시간이 필요했을까

숲 속의 노란색 비상을 꿈꾸는 슬픔과 기억 중에서
하늘의 천둥소리와 일식 사이에 있는 달의 이름을 가리키면서
아직 내 속에 있는 아이 때 천진난만한 모습
일 년 내내 계속되는 대지의 고향 봄꽃의 키스

앞장서서 날아간 무질서한 질서 새떼들의 날갯짓 군무
대칭을 이룬 눈부신 가을날의 폭파 야생의 반딧불이
바닷길이 멀리 내다보이는 침묵의 선언 석화된 국화꽃
초원의 미용사 열정의 검은 바위가 곱사춤을 춘다

나 자신을 찾은

나 자신을 찾은
나를 잃어버렸던 곳
둥지를 짓는 햇빛 보금자리
태양광선의 동행인

노란 레몬의 헬리콥터
초록 나뭇잎 종소리가 들려오는 곳
새 옷 한 벌 꿰매 입은 산천
피눈물의 암살자

밤의 뒤에 오는 새벽길
고요히 강물이 흐르는 삼각주
눈부신 뼈의 형상
삶의 처형장

붉은 카네이션의 입맞춤
바람에게 길을 내어주는 풀밭
죽음의 흰나비들이 춤을 추는 언덕
무당벌레들이 절명의 시를 쓰는

슬픈 운명의 깃발이 꽂힌 곳
해골 속에 선조의 피가 낭자한 곳
여기에 꿈과 노래가 있을 양이면
새벽 강에 새 생명의 불꽃이 타오르리라

빛이 만들어진 자수정 햇살 속에

빛이 만들어진 자수정 햇살 속에
지옥 없이 사는 대지의 옥수수 밭에서
한낮에 분해된 초록 안개 늪 속에서
맨손으로 청색을 노래하며 풍경을 연주한다

숲은 산천의 향기로 옷을 갈아입고
누에고치들은 저마다 새집을 짓고 잠이 들고
호숫가의 조약돌들은 낮에 나온 거리의 낮달과 동무하고
한 줌의 모래알들은 장미나무 발등을 덮어준다

꿈속에서 울린 종소리가 들려오는 들판
가난뱅이 가난한 나라에서 사는 부자놈들
달빛 귀뚜라미처럼 노래하는 태양의 침대
슬픔 없는 우물을 길어 세안을 한다

먼 하늘엔 창백한 별빛들이
초록 봄의 언덕 위에 총총히 고운 빛을 뿌리고
세상살이 제비집의 흰 탑을 세우기 위해
청색 바다 청색 왕국의 왕관을 쓴다

푸른 동화책을 읽고 풀잎편지를 쓰고
초록빛 주홍빛 보라색 리본을 달아주는 기억들
광음 색조의 보석 상자 가난한 행복 속에
어리석은 인생 구름 속에 우산을 편다

아직도 피눈물은 강물을 적시고

아직도 피눈물은 강물을 적시고
슬픔을 향해 걸어가는 뭇 세월의 골목길
도둑고양이들이 공을 굴리고 노는 것처럼
이 세상은 빨강색깔과 파랑색깔의 일색이다

지구본이 돌아가고 장미꽃이 발가벗고
나무들은 왜 뿌리를 땅속에 박고 숨 쉬고 사는지
빗속에 멈춰 서 있는 간이역 시간의 기차는
뭉게구름 이야기 광음의 기적소리 뿐

욕망의 푸른 아침은 잃어버린 시간을 찾아
시대의 검은 모자를 쓰고 피의 강을 건너 태양의 일식시간
쭉 침전된 어둠 속에서 그 누구를 위해 호국을 위해
죽음의 지리학공부 처연히 저녁종이 울린다

불을 내뿜는 냉혹한 불신의 신화처럼
네 잎 크로버 이름을 어디 가서 다시 다정히 불러볼까
흘린 뜨거운 피를 만져본 적이 없는 한 많은 사람들
거품으로 흘러내린 맥주잔의 유리컵을 깨문다

어쨌든 만금의 술값은 치러야 하고
뭐라고 말할까 만취한 칵테일의 색깔은 잊었지만
가장 어두운 밤 보이지 않는 악어의 눈물처럼
왜 소금에 절인 저 생의 이빨들은 붉은 얼굴을 숨길까

내가 살아가는 이곳에서

내가 살아가는 이곳에서
사람들이 넘치는 이 거리 저 거리에서
날이면 날마다 밤이면 밤마다
억누를 수 없는 제멋대로인 검은 밤의 공간

머리 위에서 끝없는 광야에서
측량할 수 없는 빛의 열쇠 바다로 가는 길
지치고 돌아오지 못하는 존재도 비존재도 무엇도
생의 의무를 때때로 생각하게 한다

산에서 검푸른 바다에서
광음의 생명줄이 불타고 어떤 일이 일어났는지
한쪽에서 지맥이 흐르는 죽음의 향기
눈을 감고 비틀거리며 살아가는

환한 빛 속에서 어두운 그늘 속에서
나를 둘러싼 생명들은 삶을 향한 경련인가
바다에는 암초 물마루의 흰 물결이 알알이 부서지고
이슬 맺힌 땅 위엔 돌연한 꽃 한 송이

장밋빛 공기와 향기가 피어 펼쳐진 곳
메마르고 황폐한 가난한 배반의 땅 충만한 개화
신선한 태양광선의 아침햇살 새들의 현관
행성의 무게와 빛의 후광이 환하다

나는 못질한 관 뒤에서 눈물을 흘리지 않겠다

나는 못질한 관 뒤에서 눈물을 흘리지 않겠다
내 손과 발이 존속하는 일생 동안 틀림없이
금속 쇠붙이 유산은 없어도 관을 짜는 목수
공동묘지나 무덤에 묻히는 가난한 땅을 사랑한다

죽어 돌에 새길 문장은 없어도 초원의 가축 떼처럼
참된 인간의 형상으로 살아가는 떼어놓을 수 없는 삶의 원천
생을 구별할 수 있는 능력과 고기잡이 빈 배 한 척
모양과 선을 갖춘 선명한 일상이면 족한 것

먼 곳에서 기차들이 운행되고 별들이 빛나고
어슬렁어슬렁 터벅터벅 길을 혼자 걸어가도 무상한 들녘
모든 게 생존되어 더 이상 죽음을 향해 강돌처럼
굴러서 하류까지 내려가도 존재할 수 있는 자리

아직 살아보지 못한 알 수 없는 미래의 청색시간
원하는 것 없이 버리고 버리고 떠나는 관 속의 부활
인과에 매여 그럴 수 없는 아무 데나 떠날 수 없는 일
머리 위에 비추인 태양광선의 흰빛과 흰 그림자와 동침을 하고

사슬에 묶인 회색 육신 거짓으로 캄캄한 세상살이
이젠 더 이상 슬퍼할 게 없는 창백한 잃어버린 시간 속에
나는 손과 발이 존속하는 일생 동안 관을 짜는 목수
못질한 관 뒤에서 눈물을 흘리지 않겠다

항상 경계해야 하는 생의 의무인가 기록인가

항상 경계해야 하는 생의 의무인가 기록인가
떠맡고 망가뜨리고 어지럽히고 설명할 수 없는 일
자상의 상처를 깊이 입은 어려운 현실
부득이한 혼자이고자 하는가

부서진 대문의 열쇠처럼
짧은 일생 동안 버려지고 비참하게 된
주름진 거미줄 속에 떨어진 황혼녘
광음을 가로질러 푸른빛의 하늘이 피를 토한다

시시때때로 먼 길을 언제나 걸어서 다녔고
말이나 쌍두마차를 타고 세상 지류를 격파하지 않았고
한 끝 흙과 물을 가까이하여 농자의 빵을 구했느니
동산에 높이 솟은 소나무와 청대와 바위를 사랑했다

품에 숨긴 비수도 적개심도 갖고 있지 않고
어깨에는 그물 하늘물고기를 무궁무궁 잡아 방생하고
도끼와 망치 그리고 삽과 호미를 잡은 손이여
바다의 결실 언제나 흰 파도와 함께 더불어 살았다

모든 게 영속할 것 같은 또 다른 삶 속에
아직도 집에 돌아오지 않는 많은 사람과 가족들
산산조각 난 파괴여 한 줌 모래 속에 파묻힌 눈물이여
가난하고 피곤에 지쳐 죽은 고혼의 흔적을 찾는다

언제부터 푸른 경계선 너머

언제부터 푸른 경계선 너머
선과 금을 펼쳐놓은 수심 깊은 바다에
얽어 짠 그물과 한 마리 은빛 물고기를 포획하기 위해
피 묻은 작살과 소금에 절인 배고픔 뿐이랴

바다제비 언덕 위에 청순한 하늘이
달빛 파도의 가련한 슬픔을 향해 물결치듯
난폭한 파도를 파멸시키지 못한 저주받은 가난한 땅
알 수 없는 태곳적 어둠 속에 별빛이 뿌려졌다

한편 모든 게 분명해진 무덤 같은 일요일
수평선을 가로질러 어떤 충격과 돌연한 지각 속에
시선을 멈춘 희미한 꿈 조각으로부터 그쯤에서
해안선의 도시 정오의 희미한 사이렌이 울린다

운명이여 나에게 검은 날개를 달아다오
태양광선의 황금빛 햇살이 너무나도 눈부신 바다
때때로 빛을 잃은 사파이어 강우량이 바위 속에 스며들고
낙루의 빗물이 처연히 초원의 새아침을 맞아주느니

환한 어둠 속의 커다란 우주의 집 이대로 선 채로
램프에 등유를 가득 채우고 내뿜는 기억을 잉태한 세상
바다를 그리워하며 얽어 짠 그물과 피 묻은 작살 배고픔 뿐이랴
두드린 하늘문의 열쇠구멍이 비참하지 않게 스르르 열리게 해다
오

많은 생각 중에서 한 생각에 잠긴

많은 생각 중에서 한 생각에 잠긴
많은 사연 중에서 돌아오지 않는 부재
많은 슬픔 중에서 선택받은 마지막 운명을 위해
죽음이 문을 두드리는 순전한 밤이 있다

오래도록 금줄을 쳐놓고 서 있는 당산나무처럼
기억도 이름도 없이 잔혹한 뭇 세월의 뒤안길에서
흉한 가슴에 뚫린 구멍 속에 새들에게 보금자리를 내어주고
계절이 바뀌어오면 부드러운 오색 단풍 길을 갈무리하는

지금 이 시간 수많은 갈등과 멸시의 강을 건너
혼자 또는 바람과 함께 떠나는 여행항로의 흰 돛배
꾸밈없이 작별 없이 꿈 하나 답장 하나 없이
장엄하게 타오르는 서녘 하늘의 노을빛 가슴

광대한 하루 고동치는 오래된 고요함 속에
밤새 어둠과 싸우는 불일치한 일상의 별빛 충돌들
나른하고 거친 해변에서 바닷물에 씻긴 필생의 분화구
피로 물든 채 소금에 부식된 인생

매디매디 매딧길 걸어가는 청대나무 숲
천만 번 뒤돌아봐도 다시 돌아가지 못하는 사람 사는 동네
우러러 곧고 바른 길 푸른 기개 속에 맞아주는 하늘
죽음이 문을 두드리는 순전한 밤이 있다

이 세상 한가운데서 오늘의 삶이

이 세상 한가운데서 오늘의 삶이 의아하다
좋은 생각은 어디에 있는지 자존의 존재는 사라지고
붉은 배반의 땅 밑으로 내동댕이치고 곤두박질치는 문제 뿐
오가는 길은 그대로인데 옛집 주소가 바뀌고 있다

팍팍한 문제의 문제의식 뿐 명료한 문제의 냄새 뿐
대바구니에 가득 담긴 문제의 문제의 문제의 문제 뿐
그걸 찾을 길 없는 후안무치한 알지 못하는 미래의 청색시간
새벽 틈으로 새어나오는 뜨거운 피가 작두를 탄다

옛 정취가 담긴 달빛 처마 울담 넘어
살얼음 딛고 사는 항상 뭔가 재발견되는 문제의 문제 뿐
속수무책인 잃어버린 시간의 저쪽 광명한 꿈의 도시
경사진 고지대 황무지 붉은 경계선 창백한 꽃잎

우아한 세상 돌연한 불의의 바다 뜨거운 가슴
한 방울 한 방울 한 가닥 충만한 개화 생기 있는 공기
나팔꽃 무궁화꽃 꽃다지 신선한 아침의 향기
완벽한 요람 더 지탱할 수 없는 그리운 황톳길 고향

바람 한 줌 먹고 구름 똥 싸는 강변대로 지팡이
흐느끼는 억새풀 언덕 반딧불이 청천 하늘의 천둥소리
세파의 허물 죄다죄다 죄 지은 만상의 흰 그림자
소리도 색깔도 변해 갈무리하는 무색계 인생

삶에서 불경스러운 춤과 노래를

삶에서 불경스러운 춤과 노래를
예기치 않던 그 만남의 그 뿐이 아니다
빛을 훔친 초원의 천둥소리와 조바심 속에
영혼을 지치게 만든 배반의 땅

근엄한 생명의 위협과 안녕
초록 세상의 신화의 접시를 깨뜨리는
피의 전주곡을 만져보고 맛보게 하는 분노의 포도송이
자연의 은유 분홍빛 생사의 어휘들

푸른 종소리 진동하는 풀잎의 행진과
무엇보다도 무서운 생활전선의 짐승들의 포효소리
또 하나의 공포 산천벽두에 서 있는 바보산수 풍화작용
이슬 맺힌 강어귀의 원초적 푸르른 하늘

낭랑한 물소리가 깨어나고 침묵이 흐르는
조용한 요새지 풍운이 빛나는 오월의 신록 깃발
태양광선의 현관 새들의 날갯짓 지저귐
무질서한 질서가 있는 풍경이 있는 시계

이겨낸 절후의 참모습을 어디에다 비유하랴
조롱조롱 꽃망울 부풀은 연분홍 꽃다지 봉오리
홍진 속 서천의 풍모 해 돋은 산과 바다
영롱한 광음의 아침이 가슴 속에 사무치는

세상살이 유리창 너머 반짝이는 오후

세상살이 유리창 너머 반짝이는 오후
시장바닥 진열장 상품들이 왁다그르르 내다팔리고
돌개바람 공기가 물결치는 이 세상바다
힘든 나날들의 골목길이 나선형 조개 같다

눈부시게 진열되어 있는 양복들 자극성 있는
훌륭한 시계들의 심장이 뛰고 눈을 멀게 하는 조변석개들
사치한 신비 쓸모 있을 것 같지 않은 생의 의혹들
누추함과 화려함이 교차하는 날개들

사로잡힌 향수병에 담겨 있는 시간의 나비들
수족관 속에서 숨을 몰아쉬고 있는 푸른 바다의 물고기들
흰 손가락으로 가리키고 있는 죽음의 시치미들
칼도마 위에 먼 바다의 해조음이 파닥인다

숲 속의 화평 온화한 겸손 자아발견
울퉁불퉁한 언덕을 오르내리는 태양광선의 현관
낭랑한 목소리 행성과 함께 천둥과 함께 어슬렁거리는
노래가 있는 나무 그 붉은 열매를 따먹는 초원의 풀밭은 어디

쉼 없이 살아온 덧없는 인생길 오욕 살이
현 시점의 일터와 운명이 교차하는 시계 속의 시간들
항해 진동하는 심원 오래된 움직임 속삭이는 소리
끊임없이 조금씩 삶이 지치고 미움을 씻어내는

늘 돌아갈 준비가 되어 있지 않은

늘 돌아갈 준비가 되어 있지 않은
삶의 유배지 종소리 크나큰 고독 속에
이곳을 떠나기 위해 모든 것을 버리고 떠나는
기쁨과 슬픔이 반쯤 황폐해진 이 세상녘

새로운 여행지 영혼을 사로잡는 발길
날개를 펼치듯 모든 연기 밖으로 날아가는
언제인가는 자신도 모른 채 생의 무덤을 바꾸듯
피 묻은 언어를 뒤에 남겨두고 전 생애를 숙고하는 자리

규칙이나 변덕이 만든 증오와 야심이 보다 많은
무의미한 어슴푸레한 희미한 목소리가 사라지는 반작용 이유들
또 다른 필연한 삶의 유배지 종소리 크나큰 고독 속에
늘 돌아갈 준비가 되어 있지 않은 행성의 동행인

사치한 거리에서 어둠 속에서 자신을 찾는
노래를 시작할 준비가 되어 있지 않은 죽음의 끝자락
끝나지 않은 침묵을 확인하듯 빗속을 헤매며 걸어가는 미래시간
공기를 풀어놓은 화관무의 뿌리 같은 꽃가루 인생

티 없이 날아가는 산새 한 마리 푸른 가지에
지저귐으로부터 새로운 탄생의 빛을 입에 물고 울음 우는 봄
은하의 광명 전율하는 별들의 냄새 신록의 왕관
바다의 태양이 익사한 반야의 집에 둥근 달이 뜬다

어둠 빛을 통과한 흰빛이

어둠 빛을 통과한 흰빛이
지구에서 멀리 떨어져 나온 행성처럼
위도의 동쪽나라 투명한 바람의 언덕 가슴 속에
정오의 햇살을 떠받치고 있는 오래된 석탑

지상의 탄식 먼 바다의 음절 속에
이른 새벽부터 깨어난 아침노을 새들의 현관
고독한 기쁨과 증오가 불타는 장엄한 시간
구절구절마다 강렬한 태양의 질주

눈뜬 풀잎 차가운 이슬이 빛나는 칼의 노래
살기 위해 서두르는 불모의 땅 빌딩촌락의 붉은 도시
침묵이 한 잎씩 떨어지는 서늘한 혼잣말 속에
짙푸른 가슴을 가르는 달빛사냥 삶의 전선

산울림 메아리가 들려올 것만 같은
가난한 대지의 영토 밀림의 북소리를 기다리는
세레나데의 공허 속에 헤아릴 수 없는
밤의 이름을 부르며 고향의 창문을 연다

침묵보다 더 소중한 작고 빛나는 날개
벌거벗은 숲속의 꿀 향기 같은 푸른 샘물이 솟는 곳
비나니 장독대에 떠올린 어머니의 간절한 새벽기도
믿음이 있는 치성의 모습이 가슴에 어린다

온전한 힘 충만한 사랑아

온전한 힘 충만한 사랑아
형체는 없어지고 정신만 남아 있는
봄 여름 가을 겨울의 붉은 씨알의 꽃
우아한 실존의 본질이 있다

파괴와 탄생 긍정과 부정
강렬하고 우아한 긴장 속에서
모든 존재의 음절과 광음의 빛줄기
피의 언어와 전언이 있다

물려받은 유산 중에
채워도 채워지지 않는 술잔과
비워도 비워지지 않는 빛나는 형상
모성적 원천의 생명력이 있다

우러러 참뜻을 다 표현하지 못한
노래하는 종달새의 푸른 하늘과 비상의 꿈
샘 마르지 않는 애증의 목마름
한마디 충언의 침묵이 있다

축배의 유리잔이 아닌
순수한 곡주의 눈물
굽 높은 상에 올린 석 잔의 술
이 땅에 깊이 뿌리박은 교훈이 있다

수많은 수목들의 푸름이 기록된 바람의 언덕

수많은 수목들의 푸름이 기록된 바람의 언덕
꿈꾸는 땅 강물이 넘쳐흐르는 신록의 왕관 광음의 음절이
저마다 나무의 이름을 부르며 찾는 사계의 입맞춤 속에
시절의 눈물이 침묵할지라도 산울림 둥근 달의 향기를 품는다

가을날의 풍요를 잃어버린 이 땅의 한가운데
어쩌면 풀잎의 노래 목동의 오래된 피리소리 들리는
에메랄드빛 필경의 생애처럼 불타는 저녁노을이
밤하늘의 행성처럼 우듬지 세상의 가슴을 찬미한다

기분 좋게 맑게 갠 하늘 바람에 실려 오는 공기
더 이상 삶의 울화가 없는 숲 속의 아침 카네이션 목소리
번성하는 산천에는 초록메아리의 신록의 찬치
얼마나 푸르른 산경인가 이다지도 거룩한 산하대지인가

새로이 밝아오는 광영의 날은 더럽혀지지 않으리니
수많은 흔적들이 깨어나는 질주의 땅 기억의 암초들
하늘의 행성과 꽃피우는 땅 아름다운 산봉우리들
두 날개로 비상하는 의심 없는 산새들의 발자국

시간을 붙들어 매놓은 흰 뼈와 뿌리 깊은 나무들
안경 낀 잔인한 시대의 심음소리가 모두 씻겨간 신선한 땅
눈물 없이 차려놓은 자비어린 어머니의 밥상 앞에 앉아
한 평생 미혹한 마음을 깨치는 불효자는 우옵니다

삶이 나를 괴롭히고 광음이 문을 두드릴 때

삶이 나를 괴롭히고 광음이 문을 두드릴 때
지상의 탄식 뒤에 남겨진 낮과 밤의 피의 공화국
모든 게 꿈이 사라지는 엄청난 공허 그림자뿐
끊임없이 쌓아온 투명한 존재의 집

시대의 창문은 이슬비처럼 젖어들고
시간은 끝이 없이 젖은 마음을 슬프게 한다
나에게 준 삶의 꽃다발 부풀어 오른 과일송이
흙으로 돌아가는 메마른 영혼의 부재

스스로 발견된 가슴에 품은 초원의 씨알
아직 씨 뿌리지도 않고 아직 죽지도 않았는데
슬픔에게 영역을 내어준 살아보지 않은 땅
심장이 멈출 듯 혈관이 타오르는 목소리

시들지 않는 분노의 포도송이여
미친 듯 잃어버린 눈빛을 찾아 애무하는 포옹이여
발걸음 비틀거리며 걸어가는 이 세상 한복판
순수한 힘 태양광선의 투명한 에너지

삶이 나를 괴롭히고 광음이 문을 두드릴 때
진실된 사랑 신선한 빛이여 과원의 풋사과처럼
변해가는 청색시간 시대를 앞서 가는 자유의 물결
칠흑 밤의 행성 양비귀꽃 흰 피를 마신다

한낮의 빛과 한밤의 어둠 속에

한낮의 빛과 한밤의 어둠 속에
도도히 흐르는 강물의 맥박소리 물방울 튕기는 기도 속에
하늘의 흰 이마 위에 금빛 태양이 비추이고
둘러싸인 불가해한 신성한 대지의 영토

신새벽의 창조 뽀얀 젖가슴의 운무 속에
파릇한 나뭇잎 향기로운 들녘 클로버의 입맞춤
윤기 나는 물고기 초록 십자가 성좌의 반딧불이
가로지르는 고요한 광음의 다이아몬드

눈을 감고 인간의 밤을 편히 쉬게 하는
태양광선의 공기 상처 입은 산천초목의 깃발처럼
탄생의 기쁨 견뎌온 순수한 인고의 나날들
하늘기둥 빗장을 열고 붐비는 그리운 마음

조용히 안으로 숨겨진 푸르른 신록의 왕관
불멸의 터널 피를 깨우는 인동넝쿨 삶의 터전
운명이 바뀐 넋 푸른 꽃 만발한 번성하는 길
산정에 올라 노래하는 환희의 머리카락

인의 땅에 배어오는 광영의 빛은
끊임없이 쌓아올린 풍요로운 하늘의 둥근 열매
투명한 빛과 그림자 그리고 사랑의 미소
멸시의 강을 건너 화음의 메아리소리 들어라

청색시간 숲속의 덤불 어둠을 쳐부수는

청색시간 숲속의 덤불 어둠을 쳐부수는
초록빛 나뭇잎을 두드리는 내 가슴을 묶어다오
신록의 북소리 태양광선의 포도넝쿨
차가운 밤하늘의 불꽃 쏜살같은 유성의 빛

순수한 몸짓 흰빛 흰 그림자 속의 터널
변치 않는 호수 속의 야생의 백조 별 떨기들의 합창
떠나는 시간의 기차 운명의 열쇠 가냘픈 주먹
주름 잡힌 두 날갯짓 기나긴 여행

던져진 나날 속의 인생 핏속의 입맞춤
빛의 창문을 열고 두드리는 잔인한 일광의 꿈
번성하는 식물처럼 버려진 자신을 찾아 완성하는
그늘진 곳 엉킨 그물 속의 갈무리들 부재들

생명의 불꽃 봉인된 열정의 빛
화인의 창조 존재의 무에서 발견된 소멸의 점묘
넋 푸른 항구 물결치는 금빛 황혼이 물드는 물방울 무지개
작별을 준비하는 무념무상의 텅 빈 마음

꿈속에 차오르고 표류하는 월광의 시선
잔인한 나날들 또는 죽음 또는 새 삶의 부활
핏속의 잠 쉬거나 깨어나는 우아한 새벽
온통 가슴속에는 흰빛의 광선 새들의 현관이다

금빛 세계의 빛을 모아

금빛 세계의 빛을 모아
홀연히 흘린 피의 에메랄드 숲을 찾아
용해된 불꽃을 위해 신록의 메아리 산울림 속에
황금의 달빛사냥 태양의 왕관

사랑을 위해 혈통을 위해
시간의 전부 새로운 날의 무게
남쪽 바다의 성분 하루의 꽃잎들이
내일이면 기억될 초록 풍경들이 숨차다

어제를 사는 오늘 그리고 내일은 지나가고
얼마 남지 않은 날들을 기다리는 날갯짓
가슴 속에는 시간의 꽃가루가 땅 위에 뿌려지고
영혼이 불타는 생애의 텅 빈 들판

죽은 이들의 얼굴이 자꾸만 기억나는
흙 한 줌의 사랑 준엄한 이 세상 한복판
돌아보면 어두운 길을 들어 올리는 빵 한 조각
승냥이 떼의 하루 젊은 날의 소묘

다시는 돌아오지 않는 언제나가 없는 발자국
영혼의 만조시간 진실로 가득 채워진 순수의 선언
죽음의 망각 행복한 입술 조롱 속에 대항해 싸우는 천로역경
산정에 올라 마지막 봉홧불을 활활 태워 올리는

한 줄기 광선의 빛을 따라가노라면

한 줄기 광선의 빛을 따라가노라면
남몰래 피 흘린 상처 인생의 정글 한복판
떨어지는 빗소리 가슴을 꿰뚫는 떠도는 칠흑 밤
슬픔에서 슬픔으로 인고의 붉은 강을 건넌다

깊고 넓은 계곡에서 행성을 탐색하고
기나긴 조망과 조악한 견고한 바윗덩어리
먼 나라를 애무하듯 새들의 둥지
공기 머리카락을 쓰다듬어 주는 하늘이여

더불어 치자꽃 향내 불어오는 붐비는 바람
무슨 일이 일어날 지 모르는 심연의 강물소리
구름 연기 피어오르는 인적이 그리운 마을
무장을 해제한 채 찾아드는 삶의 야영지

가슴 부풀어 출렁이는 나뭇잎 발길
떠남의 길이 외로운 자연의 눈물을 떨어뜨리는
만월을 통과하는 공간 흰빛 그림자
눈먼 안녕 눈먼 생의 울타리

마침내 하늘문을 열고 자연으로 돌아가는
텅 비어 있어 가득 차 있는 광음색조의 메아리
한 줄기 광선의 빛을 따라가노라면
집 바다 금빛 깃발이 창공에 펄럭인다

단 한 방울의 물이 큰비를 뿌리듯

단 한 방울의 물이 큰비를 뿌리듯
바다에 이르는 빛의 무게로 운명이 가득 채워진 이곳
땅 위에 붉은 포도주 잔의 축축한 향기여
신성한 영혼의 입술로 시간의 그물을 짠다

신록의 뿌리까지 가닿는 태양의 빛으로
겨울의 성장 암흑의 영토 위에 속삭임이 있는
난파당한 눈으로 살펴보는 발돋움 홀연한 표정이여
존재하는 모든 생명의 아우성 소리를 듣는다

타오르고 드러난 삶의 노래 해당화 꽃이여
해변의 언덕 자갈길 위에 붉은 꽃등을 걸어놓고
한 잎 두 잎 지는 꽃 울음소리 지켜보는 파도의 왕관이여
하늘땅 바다가 맞닿는 수평선 너머는 어디

금빛 찬란한 꿈인지 생인지 모르는
끝도 시작도 모르는 아무도 알지 못하는 미래시간
세상 한복판 후둑후둑 떨어지는 빗소리
피를 흘리는 한줄기 고독한 광음이여

슬픈 장막이 가슴을 꿰뚫는 빛 그림자여
바다에 이르는 빛의 무게로 운명이 가득 채워진 이곳
창백한 얼굴 떠도는 밤의 상처 칠흑 밤이여
땅 위의 붉은 포도주잔이여 나를 그만 잠들게 하라

사랑의 열쇠를 훔친 새들의 현관

사랑의 열쇠를 훔친 새들의 현관
어두운 밤을 가둔 새 생명의 희망 에너지의 빛
번개 천둥치는 소리 발목 적시며 건너가는 생의 강기슭
수심 깊은 바다라면 내 영혼 헤엄쳐 이르련만

사랑에 진 빚 실의에 빠져 중얼거리는
작은 별과 같이 하늘이 베풀어 준 필생의 은혜로움 속에
시간이 떠도는 광음의 빛줄기 기쁨을 향해하는 신록의 태양광선
눈부신 존재의 탑 청음의 색조 머리카락을 빗는다

갈라놓을 수 없는 필연의 인연 사랑이기에
슬프고 슬픈 슬픔이 가슴을 찌르는 어떤 상처도
고통의 꼬리를 끊지 못하는 봄날의 축복
자색으로 물든 눈먼 새들의 지저귐

곡선이 아름다운 생애의 푸름 고도 위에
가도 가도 검은 대륙 태양의 우듬지 미루나무 흰 구름
운과 명을 받아 순천명의 길을 따라가노라니
먼 산의 산울림 뻐꾸기 울음 지상의 장탄식

너를 사랑하므로 가슴은 차갑고
무언의 침묵 속에서 반짝이는 나뭇잎처럼
더욱 더 너를 사랑하는 척도 잔인한 일광이 소진할 때
나는 오직 사랑 때문에 죽어갈 것이다

형언할 길 없는 향기로 가득 찬 거기

형언할 길 없는 향기로 가득 찬 거기
서늘한 삼림을 향하여 걸어가는 정직한 신록의 발뒤꿈치
야성의 심장이 뛰고 비바람이 몰아치는 폭풍우의 언덕 위에
노래하지 않으랴 어리석은 삶과 죽음을 의식하는

세상은 이빨로 물어뜯는 허식과 모이주머니 뿐
드러나지 않은 생의 침입자 불행한 행복의 흔적 같은
느릿느릿 살아가는 묵연히 압도되는 에너지의 빛
불행한 나의 시인은 장례식의 조등을 밝힌다

단호히 확인하듯 저들의 칠면조의 변신과
돼지발톱의 경축 연회석을 항거하는 불굴의 용기
증오의 올가미 파괴의 불신 자본의 무덤 자정 너머
이마에 꽃피는 허위의 목을 베는 절명의 피

쓰디쓴 맛 발자국 소리 소름끼치는 붉은 저주
휘영한 달빛 숫돌에 불의의 칼날을 세운 푸른 심지
저들의 허수아비에게 흰옷 한 벌 입혀주고
황혼 속에 사라지는 태양의 혈처를 물들이는

험악한 얼굴들 쓸모없는 인간모리배들 정상배들
고운 마음 아프게 한 슬프고 슬픈 빛의 계절을 위해
상처 입은 봄날의 햇살 순전한 꽃봉오리
흙 한 줌의 고귀한 씨알 새 생명을 노래한다

광란에서 뛰어내린 이름 진 세상

광란에서 뛰어내린 이름 진 세상
야만적인 도시에서 정오의 시간이 반짝이는 시계 속에서
곡선이 그려진 비둘기의 멋진 활강 혹은 선회
평화를 섬기듯 벌거벗은 붉은 강이 흐른다

격렬한 꿈 조각처럼 깨진 유리창 너머로
하루 종일 보채이는 은밀한 통로 외로운 저잣거리
한 발 한 발짝씩 내딛는 두 눈빛의 응시
필연보다 더 슬픈 솟구치는 삶의 울화

한 스푼 쓴 눈물과 분노의 포도송이
도움이 되지 않는 치명적인 피 묻은 터널
원한이 씻긴 빛과 그림자를 뒤쫓는 아침햇살
운명의 노래를 부르며 말없이 괴로워하다가 죽어가는

이 세상은 비둘기들로 가득 차 있지만
초록 왕관을 씌워 준 꽃봉오리 그리운 강산
푸르러 올려다보는 둥근 하늘은 우주의 열매
금지된 시간 망각의 강을 건너가는 워낭소리 눈방울

나를 에워싸고 돌아가는 슬픈 태양의 집
가슴을 꿰뚫은 삶의 정복자 자연의 어진 풍모
사막화를 예언하듯 단봉낙타를 타고 길을 떠나는
잃어버린 미래의 차가운 시간 야영지는 어디

하루하루의 곡식 껍데기를 벗기듯

하루하루의 곡식 껍데기를 벗기듯
초록 혀로 말하고 초록 목소리로 침묵하는
하루라도 일하지 않으면 먹지 않는 불식 노동 땀방울
늙으신 나의 어머니 얼마나 굶주리고 계십니까

동트는 새벽하늘은 새들의 현관
삶이 필요로 하는 태양광선의 빛줄기
아직도 노래와 음식을 만드는 나의 어머니
부엌 화덕에 화톳불이 타오르고 있습니까

피 섞인 초록나무 생의 우듬지
순수한 창조 비 온 뒤에 선회하는 하늘 산비둘기
푸르른 이 길 위에 끝나지 않은 행복
고통스러운 순전한 몸짓

건강한 발과 일하는 따스운 손길은 어디
선동적인 암초와 험악한 강물이 흘러가는 골짜기
이 땅 위에 범람하는 춤추는 광인의 거리
제비꽃 인고의 들판에 광음의 빛이 목을 놓는다

모든 쇠붙이는 풀끝에 머리를 풀고
녹슨 연장들은 허리 굽은 호미에 묻은 핏자국
함부로 쏜 화살처럼 비난의 언덕 위에 꽂혀 있느니
초록 나뭇잎 목소리가 고향의 이름을 부른다

내가 사랑하는 별들과 여울 물소리

내가 사랑하는 별들과 여울 물소리
수많은 별들 중에서 오직 하나를 선택한
칠흑 밤과 함께 잠든 침실
몸을 나눈 빛줄기 향기로운 꽃

뿌리에서 뽑아 올린 수액의 쓴맛처럼
야생의 심장이 뛰고 머리카락 한 올에서 배어오는
태양광선이 가득 찬 쾌락의 이미지
모든 은혜 중에서 행복한 권리

살아 있는 동안 자연적인 것 아름다운
영원한 삶 중에서 죽고 태어나고 슬퍼하는
풀밭에 어리는 투명한 돌탑 그림자
끝임 없는 미래의 약속 흰 달빛 사냥

빛의 손가락 초록 목소리 새벽강이 흐르고
초록시간 눈시울이 지워지지 않는 떠나간 사람들
하늘의 날개를 달고 품안에 안겨오는
신비로운 행성의 입맞춤 노래하는 카네이션

빛의 어둠 속에서 수직으로 떨어지는
천둥소리와 함께 도약하는 초록 광선의 폭파
만월 속에 빛나는 웃음 띤 생애의 미소
나뭇잎 목소리와 풀잎의 종소리를 듣는다

우리가 함께 사는 이곳은 어디

우리가 함께 사는 이곳은 어디
과일 송아리 익어가는 푸른 경계 너머
가득 채운 계절의 찬란함 속에 무심한 정오
자라나는 새싹들 바스락거리는 소리

불타는 갈증 여름날의 향기
일광의 나뭇잎 눈부신 태양의 꽃다발
나부끼듯 속삭이듯 어떤 것도 갈라놓지 않는
초록 에덴동산의 신록 향연

물결 위에 반짝이는 빛 그늘의 반사처럼
고동치는 심장 나날의 축복 노동의 붉은 땀방울
별들처럼 순수한 마음의 산성에는 광음 깃발의 함성
갓 구운 빵 꿀과도 같은 잔속의 포도주

모든 것 사랑과 믿음 속의 자취처럼
미끄러지듯 그늘진 빛의 리듬 속에 항해하는 거룻배
영상의 머리카락 수줍은 눈빛의 진실이여
간절한 마음의 창가엔 넓은 바다여

한마디 침묵의 노래 속에 떠나는 여행
슬픔과 기쁨을 손에 쥔 미래의 청색시간은 운명의 열쇠
두 날개의 차가운 날갯짓 태양광선의 꽃다발
텅 빈 간이역에 마지막 기차가 들어서는

가슴 속엔 늘 십자로의 한복판

가슴 속엔 늘 십자로의 한복판
여기에 노래가 있을 양이면 흙 한 줌의 사랑일까
인생에의 존재 일순간을 허무는 것일까
가시면류관을 씌워주는 일일까

육화된 무덤으로 돌아갈 때까지
순결한 영혼과 따스한 숨결이 살아 있는 동안
청명한 하늘 어둠의 궁전 세계의 돌계단을 오르듯
상처받은 불의의 강을 건너간다

이 시대의 황금수레바퀴에 치인 피투성이
더 이상 이상하지 않은 동화 같은 가시투성이 환생
따스한 대리석과 홍보석 같은 피의 월계관
보고 듣고 무엇을 위해 생각하고 존재했던가

어느 날의 꿈도 봄날의 기록도 없는
빈 화폭 속에 미소를 띤 슬픈 빛과 그림자들 뿐이랴
눈물을 닦으며 울지 못하는 잔인한 세월
금빛 향기에 도취된 고통 질책 뿐이랴

열정이 없는 메마른 영혼과 황폐함 뿐이랴
병든 욕정과 낙인찍힌 입술과 순수의 빛을 잃은
하얀 베일에 싸인 창백한 얼굴들 기억들
경박한 무의미한 꽃을 밟은 상처 경멸 뿐이랴

아침 햇살이 찬란히 눈부셔 부서지는 바다
철썩이며 쓰러져 사라지는 심연의 파도소리여

언제부터 순교를 훔친 사악한 격정과 불타는 분노 뿐이랴
광휘의 섬광들이 경계선을 넘어 명멸을 한다

성스러운 시간이 깜박이는 촛불처럼
저 멀리에서 울리는 푸른 개벽의 범종소리처럼
청명한 들판 위에 하늘궁전이 펼쳐진 곳 영혼이 머무는 곳
흰 구름 실타래 물레 잣는 나의 시인은 주머니 없는 수의를 짓는다

시간의 안개 태양광선의 왕관

시간의 안개 태양광선의 왕관
서늘한 빛 그늘이 가슴에 저려오는
섬세한 신록의 아침 수정 물방울 튕기는 소리
온갖 새들의 현관 싱그러운 촉촉한 노래

축복받아 흘러내리는 삶의 유산
자연이 차려준 은혜 대지의 비옥한 씨알들
흙 속의 불꽃 돌 속의 피 더 이상 압도하지 못하는 힘
초록 산천의 청색시간 마음의 행로

붕붕거리는 꿀벌들의 행복 광음의 빛줄기
초록 목소리 꽃들의 반란 가까운 들녘의 언덕배기 너머
조용히 지줄지줄 씻겨가는 시냇물 산색 산울림들이
다 깨어나서 걸어가고 뛰어가는 즐거운 하루

자연의 평화 활짝 열린 산야초의 향기
노동의 지문이 묻어난 뿌리 깊은 나무 신록의 함성
투명한 하늘 땀방울의 경작지 심연의 꽃다발
손톱으로 캐낸 기쁨 이 땅의 진주

푸른 경계선 너머 가득 채운 포도주 잔
무심한 정오의 계절 숨겨진 악천후의 몰골을 더듬어 주는
풋과일의 햇살 익어가는 태양광선의 입맞춤
산산이 부서진 영혼을 위하여 어둠이 일광욕을 한다

이젠 자연으로 돌아가자

이젠 자연으로 돌아가자
인동넝쿨 타고 올라가는 오두막집
앞서 여름이 먼저 도착한 돌담 울타리
오랜 참을성의 앞강물이 흐른다

담벼락을 향해 사계의 산자락이 푸르고
봄이 오면 먼 산 산음의 메아리 뻐꾸기 울음
그 핏빛 울음 받아 울음 우는 산천초목들
울긋불긋 타오르는 붉은 꽃다발

사랑이여 온 세상을 바람같이 떠돌다가
고향 하늘 초록 둥지의 침실로 이젠 돌아가자
철썩이는 바다를 건너 머나먼 들녘의 노래
순수한 박하꽃 흙냄새가 상쾌하다

눈길손길 닿는 씨알들이 부푼 신선한 부활들
종처럼 울리는 살아 있는 모든 것 편히 숨 쉬게 하는
산야초의 꿀벌통처럼 가득 채운 야생의 향기
잃어버린 자신을 찾아 법등을 밝힌다

어둠을 밀어내듯 꿈들의 거품을 덮어주는
인동넝쿨 타고 올라가는 슬픈 삶의 공터 혹은 정원
앞서 여름이 먼저 도착한 돌담 울타리
오랜 참을성의 앞강물이 흐른다

가난으로부터 삶의 교훈까지

가난으로부터 삶의 교훈까지
흙으로 만든 험악한 풍경으로부터
죽음의 검은 황혼의 비둘기 눈물의 열쇠
마음 속 깊이 간직한 양귀비꽃

내 영혼의 어머니 남쪽 하늘 아래
짙은 머리카락 삼림의 바다 청색시간
어릴 적 기억 속엔 초록 피가 강물처럼 흐르고
잃어버린 가슴 속엔 신록의 왕관

뿌리 깊은 동구나무처럼 사계의 혈관
신선한 하늘빛이 배가되는 태양광선의 메아리
초목 산천이 빛나듯 붐비는 야생의 향기
고동치는 환희의 심장 차가운 유물들

이슬 맺힌 과일 송아리 진실한 노동의 땀방울
흰빛의 에너지처럼 질서 있는 음향 색조들이 아픈 흔적들이
새로운 용기와 힘 생명의 창조 아른거리는 도타운 땅
비바람 광풍의 공간을 더듬는 생애의 정복자

가난으로부터 삶의 교훈까지
흙으로 만든 험악한 풍경으로부터
죽음의 검은 황혼의 비둘기 눈물의 열쇠
마음 속 깊이 간직한 양귀비꽃

붉은 하늘은 둥근 열매 꽃봉오리

붉은 하늘은 둥근 열매 꽃봉오리
온통 푸름으로 빛나는 초록 산천의 바보산수
모든 게 가득 차 있고 텅 비어 있느니
얽힌 포도넝쿨 야생의 향기 뿐이랴

숲과 바다는 일색이다 빛을 위하여
화평을 위하여 천 년의 구름탑 위에 이마를 짚어주는
씨알의 땅 은혜로운 바람 신록의 꽃다발
맘껏 숨쉴 수 있는 공기의 힘 에너지

사계의 등불을 밝혀주는 푸른 경계선 너머
태양광선이 광음 색조와 입맞춤하는 그리운 산천
수줍은 자태 순수한 풍경이 경종을 울리느니
흙 한 줌의 사랑 빛 고운 고향하늘이다

금빛 여름이 가을로 넘어가는 푸른 밤
장밋빛 손톱처럼 꽃잎 떨어뜨리고 알몸 맨손일 때
지하세계로 밝은 빛이 흐려지고 반짝이는 행성의 나라
피투성이 가시투성이 어둔 밤의 세월은 간다

차가운 머리카락 오만한 눈물의 교훈
메아리치는 행복 슬픔을 지치게 하는 포도주 잔
덧없는 인생의 공화국 이슬 같은 권능
부여받은 사랑이여 달빛 사냥을 한다

벌거벗은 바다 소금꽃 태양 아래

벌거벗은 바다 소금꽃 태양 아래
아름다운 이 강산에 너는 바람처럼 예쁘다
무지갯빛 속으로 떠나는 균형 잡힌 행복처럼
밤새도록 별빛 하나가 목록에 쓰여진다

황금물결 속에 피어오르는 투명한 향기
대지의 머리카락을 빗어 내린 영롱한 달빛 아래
위험위험 흘러가는 물방울 튕기는 여울소리
꿈길 위에 잠깬 은하수 바보산수를 사랑한다

환희의 햇살처럼 나뭇잎 애무처럼
빛과 어둠 속을 함께 걸어온 용담꽃 시선 속에
돌아와다오 이젠 말해다오 봄 없이는 한순간이라도
얼마나 슬퍼했는지 너를 품어 기다려 왔는지

값싼 슬픔에게 팔아넘긴 꽃을 밟은 상처 속에
포도주 잔의 축배 속에 사나운 바다처럼 울어 왔는지
사랑을 훔친 도둑처럼 금지된 시간 너머
원한에 찬 처연한 달빛처럼 여왕처럼 흐느꼈는지

이 땅을 넘어서 이슬진 사선을 넘어서
아름다운 이 강산 야생의 등꽃이 산야에 피면
맹금의 발톱 앞에 하나의 삶으로 서 있는
새들의 현관 신록의 왕관을 노래한다

빛과 빛이 감싸여 있는 나의 조국

빛과 빛이 감싸여 있는 나의 조국
언어의 향기 기리는 신성한 피 한 줌의 흙
곤두선 머리카락이 길을 잃게 될 때
헤매는 슬픔에 찬 텅 빈 하늘을 우러른다

흙으로 빚어낸 태양의 창가에 강물이 흐르고
억겁의 시간이 부서지듯 사라져가는 바위처럼 구르는 세월
명멸되지 않은 것이 없는 모든 존재의 지음들이
사계의 무게만큼 청포 강산에 꽃을 피운다

광대한 초원의 행성처럼 별들이 빛나고
큰 눈을 뜨게 한 유일한 태양광선이 피어오르는 산천
불타는 가슴 형상의 비둘기 신록의 왕관
가로질러 밟고 가는 황톳길 사랑

봉홧불이 뿜어내는 은밀한 영혼의 영토
피에서 피로 이어지는 순수한 초록 물결 꽃다발
미풍처럼 녹아내리는 급류 고동치는 우레
야생화의 미묘한 숲 속의 향기를 품어 안는다

아스라히 거대한 태양의 필생의 바다
미끄러지듯 무량한 우아한 춤 목마른 허리
찬란한 빛과 빛이 감싸여 있는 나의 조국
넋 푸른 건곤일척의 칼을 뽑아든다

검은 바위에 부서지는 눈부신 바다

검은 바위에 부서지는 눈부신 바다
한 다발 한 송아리 봉오리같이 마음을 이끄는 물결소리
거친 풍랑 속에 질주하는 작은 존재로부터 금빛 침묵이 흐르고
영원히 사라져가는 일광의 햇살이 머리 위에 비추일 때

영혼의 직물을 짜듯 바닷가에 찍힌 새 발자국들이
발목을 적시고 하늘로 날아간 별빛 메아리 향기로운 음향 속에
태양과 바다에 맞서 일렁이는 끝없는 수평선 너머로
형상을 띠어 보낸 흰 구름송이 날갯짓이 푸르다

말없이 갈망하는 신새벽이 열려오는 달빛 미소 속에
황혼의 냄새를 맡으며 불모지의 속눈썹을 치켜뜨고 바라보는 산천
사랑스러운 야생의 야영지 윤기 있는 영겁의 시간
뜨거운 가슴을 탐색하며 투명한 공기를 마신다

바다의 별들이 더불어 우주여행을 떠나고
폭풍과 번개들이 충돌을 하는 무한한 푸른 경계
어둠 속의 빛 그림자가 광음의 붉은 카네이션을 가슴에 꽃피우고
풍만한 여체의 포옹 고운 자태의 아름다운 힘

불을 숭앙하는 창조의 젖가슴 사랑의 터전
새 아침을 제압하는 생식의 뜨거운 화덕
신록의 깃발 신성한 초록 광선이 넘쳐나는 바다
머리카락 한 올 한 올에서 언어의 향기가 배어난다

새벽도 봄도 없는 황무지는 어디

새벽도 봄도 없는 황무지는 어디
그러나 우리는 모두 함께다 나뭇잎에서 풀뿌리까지
열정의 가시관 슬픔과 분노의 하늘 아래
꽃피우는 땅 쓰디쓴 가시투성이

서늘한 생명 영혼의 정복자
강산을 휘감고 떠오르는 태양광선의 하루
초록 가슴을 찌르고 광음색조를 목 베어 물들어 오는 날
곳곳마다에 도약하는 시냇물소리 운명의 꽃다발

허물없는 흙 한 줌의 사랑 땀방울 속에
심장이 계속 뛰고 상처 입은 목마른 대지 위에
멀리서 들려오는 은밀한 천둥소리 꿈꾸는 숲
어둠이 반쯤 열린 길 위에서 부르는 노래

문득 떠오르는 잃어버린 어릴 적 향기
깊은 곳으로부터 솟아올라 넘치는 샘물처럼
가던 발길을 멈추게 하는 축축한 산울림 목소리
시련의 맛과 썩지 않는 슬픔이 노을빛으로 타오른다

새벽도 봄도 없는 황무지는 어디
그러나 우리는 모두 함께다 피의 입술을 깨물며
영토에 가득 찬 빛의 색깔 그리운 청색시간
이토록 사랑할 수 있는 맑은 공기를 마음껏 마신다

다시 일어나 가던 길을 가라

다시 일어나 가던 길을 가라
거친 땅 먼 나라를 애무하는 듯
머리카락을 쓰다듬어 주는 듯
자극받은 공기와 더불어 높푸른 하늘의 청음소리

심연의 깊은 바다에서 어둠 속에서
무슨 일이 일어났는지 새로운 세상이 펼쳐지는 듯
알 수 없는 영기가 피어오르는 홀연한 가슴 가슴마다에
군도의 섬 천리향의 향기가 길을 뻗었다

눈을 들어 기막힌 저 하늘을 우러러 보듯
간절한 마음으로 저 높은 하늘에서 길을 내어주는 듯
잔악한 세월이 무너져 내릴 듯 미칠 것 같은 해안선
빈틈없이 머리 위에 비추이는 풍만한 만월

사랑하는 당신의 이름을 부르며
문득 말없이 침묵의 안녕 숨긴 통곡의 깃발 아래
겨울 모퉁이 추운 꿈들이 꿈틀대는 끝없이 외로운 길
빛의 저쪽 출렁거리는 항해의 바다 땅덩이

울타리 없는 출구를 찾아 떠나는 부재
버려진 사선을 넘어 열린 하늘의 저쪽 저마다 삶의 바다로 돌아
가는
꽃피워 돌아가야 할 청음의 하늘 고향의 정나미 언덕
둥근 하늘의 열매 태양광선의 열쇠 영혼의 키스를

혁명을 해야 산다

혁명을 해야 산다
침묵의 눈빛이 지상의 명령이라면
깃대 봉에 깃발이 펄럭이는 것은 바람이 아닌
그대의 마음이 움직이는 것

그래 싸워야 이긴다
죽어야 산다
흘린 피는 붉은 꽃잎송아리
잎잎마다 촉촉한 향기를 머금었다

남에서 오는 큰비가 한 방울 나뭇잎에 빛나듯
서늘한 바다 이 땅의 포도주 잔에 그득 채운 운명
영혼의 키스 신성한 시간 뭔가 일어서는 흰빛의 에너지
거친 파도의 난파 인고의 그물을 짠다

하늘에서 풀뿌리까지 뻗어 내린 움직임
홀연히 해변의 자갈길을 걸어가는 밝은 빛 동동월
광음의 투망 속에 파닥이는 현존하는 돌풍
손에 쥐고 있는 해넘이 금빛 발걸음

한줄기 피를 흘리지 않은 마음의 상처
생명의 광선 삶의 한복판 슬픔을 멈추게 하는
견고한 둥지 바윗덩이 척박한 광야 창백한 얼굴들
혁명을 해야 산다 싸워야 이긴다

실의에 빠진 가을빛 불모의 땅에서

실의에 빠진 가을빛 불모의 땅에서
잃어버린 슬픔과 가슴을 향해 일어서는
바람 쌩쌩 휘몰아치는 거친 조국의 바다
소금기 젖은 눈물의 영토 위에

높고 가파른 산맥과 날아오르는 바닷새의 날갯짓 속에
피울음 섞인 제방 위에 해원의 속삭임들이 들려오는 듯
어둠을 일깨우는 듯 광음의 천둥소리 너머
일후 빛나는 심장과 갈비뼈의 기둥을 세운다

먼 바다로부터 기쁨을 향해 오열을 하듯
흰빛 에너지의 힘 출렁거리는 미래의 만조시간
하루에도 몇 천 번 귀 기울이는 해조음 발자국 소리
허공을 바라보며 일깨우는 희망과 무언의 목소리

영혼의 해안선 게 한 마리 옆으로 기어가는 펄밭
파란만장 빛 광자 기다림이 있는 잔인한 태양광선의 열쇠
죽어가는 단 한 사람의 평정을 위해 부르는 노래
맹목적이 아닌 차가운 사랑의 척도 세상을 훔치는 일

끝없이 미워하며 사랑하는 너이기에
죽도록 사랑하므로 사랑 때문에 불과 피로 물든 하늘
1월의 잔인한 광선이 다 소진된 12월의 그믐밤
신성한 바다의 공기 멋진 시간의 그물을 짠다

눈이 있어도 보지 못하고

눈이 있어도 보지 못하고
귀가 있어도 듣지 못하고
코가 있어도 냄새 맡지 못하고
입이 있어도 말하지 못하고

발이 있어도 움직이지 못하면
생존해 있어도 사는 것이 아니려니
망백의 황혼 길에 어둠 속으로
때 없이 사라지는 인생이여

어느 연회석인지 경축장인지 항거할 수 없는
닫힌 눈과 귀와 코와 입과 파괴의 증오 올가미 같은
마구잡이 관을 씌우는 잔인한 허수아비 비웃음 울음 속에
때 없이 절뚝거리며 쫓아오는 수의 한 벌

헤매던 밤거리 비바람 몰아치는 모퉁이 길
노래하지 않으면 아무 것도 얻지 못하는 풍우의 물결
야성의 심장 정직한 발뒤꿈치 형언할 길 없는 곳
죽음의 향기로 가득 찬 거기 서늘한 심사

볼품없고 불행한 사람과 사람들 사이
삶과 죽음이 완강함으로 괴롭히는 어리석은 허식과
장례식장 칠면조 모래주머니 지갑 속에 두 얼굴의 의식 뿐
사자는 말이 없고 우는 새 훌쩍거리는 세상

풀씨도 떨어져 고이 잠든 자리

풀씨도 떨어져 고이 잠든 자리
일월성신 애기꽃도 동자꽃도 붉게 피었다
가파른 다랑이 밭 강토 위에 안기는 제단 위에
겨레의 이름 바쳐 품에 반기는 산천

아프게 스며드는 생애의 꽃등을 걸어놓고
삼림의 바다 산울림 메아리 빛 속의 피톤치드
흰 구름다리 건너가는 성산 일출봉 노래
조국의 혁명 웅비의 날개 새아침을 맞는다

세상이 바뀐 봄철에는 온갖 꽃떨기 무등
땡볕 여름철에는 초록 예찬의 색조
물빛 가을철에는 밝은 달빛 사냥
한겨울에는 천지 설백하다

불면의 터널 피발자국을 지우고
삶이 내게 준 항거의 꿈 씨알의 은밀함
소름끼치는 저주를 내뱉고 갈아입은 무명옷 한 벌
갑 속에 든 은한의 흰 칼을 뽑아든다

황혼 속에 사라질 험악한 얼굴들
버려진 의자처럼 쓸모없는 정나미 없는 사람들
탁 트인 빛의 세계 축복받은 환한 창가엔 순전한 꽃가루
유독 많은 슬픔 중에 내 마음 아프게 한다

내 몸에는 혁명의 피와

내 몸에는 혁명의 피와
절명의 피가 흐르고
너를 미워하는 것만큼
나는 너를 사랑한다

너를 죽도록 사랑하는 만큼
차마 너를 미워하기에
내 몸에는 혁명의 붉은 피가 흐르고
절명의 푸른 피를 토한다

초목 강천 산울림같이
푸르게 푸르게 울음 울고
분토된 뼈마디마다 더 깊은 소리
가슴 속에 맺힌 원한의 길

만고강산 휘어진 달빛 아래
저리도 물빛 차고 허리 굽은 산천에
진달래꽃 산국화 두렁칡 자지러진 풍경 속에
파란만장 일순간이 천년이다

피눈물 뿌린 핏발 속에
가도 가도 붉은 황톳길 두견새
먼 산의 앞산 메아리 받아
새벽 강 울음소리 듣는다

깊은 산속을 헤치고 다니다가

깊은 산속을 헤치고 다니다가
낙화송이 밟고 돌아오는 방초길 해거름
세상 사람 냄새가 풍기는 광인의 거리마다
애처로이 흙무덤 해골들이 나뒹굴고

심경 속에 비추이는 야밤의 정적
서리같이 흰 달이 한 소식 전해오는 듯
초암에서 하룻밤 묵고 쉴 곳은 어디
찬 기운이 온몸에 스며드는 산하

동사하도록 추운 겨울도 지나고
타죽을 정도로 더운 때도 지났는데
편편히 내리는 대공의 설경과 낙화송이
추위도 더위도 모르고 살아온 발길

열반 정토 묘경을 몽상하듯
존재의 나로부터 교신하는 대우주의 발견
일체 초월한 절대무위의 도인인 양
북치는 소리 덩덩 곱사춤이라도 추어보자

쓴 것은 쓰고 단 것은 달 뿐
미사여구를 구하려는 우스꽝스러운 일일들
묵연히 일거수일투족의 진과를 얻었던가
어깨에 진 짐 무거워 진땀이 골수에 흐른다

천만 봉 백만 봉 깊은 산중에

천만 봉 백만 봉 깊은 산중에
언제부터인가 한 줄기 금풍이 불어오더니만
시절인연을 다한 붉은 꽃봉오리
너는 울고 나는 눈물 떨군다

서리 찬 서쪽 하늘에는
언제부터인가 은하계 별똥별이 반짝이더니만
호심 깊숙이 물속에 비추이는 차가운 모습
차마 떨치고 돌아서는 발뒤꿈치

내 속가슴 속에는 소복단장을 하고
무영탑 탑돌이를 하는 달빛 여인의 기도처럼
필생을 빌고 비는 왕생극락 천도의 길
바람경 목탁소리 눈물의 정토

동쪽 해가 뜨는 것도
서쪽 해가 지는 것도 모르고 멍청히 살아온
아침부터 저녁까지 저녁에서 아침까지
시시색색 사사물물 참다운 가치

천만 봉 일만 봉 깊은 산중에
언제부터인가 한 줄기 금풍이 불어오더니만
시절인연을 다한 붉은 꽃봉오리
너는 울고 나는 눈물 떨군다

있을 곳에 있고 놓을 곳에 사는가

있을 곳에 있고 놓을 곳에 사는가
비정한 것도 한 많은 것도 함께 진일보
산 구름 바다와 해가 정을 통하는 곳
물 찬 물오리는 어디로 날아갔느냐

공명 하늘 행방을 가로막듯
코를 비틀어 아픔을 전하는 비명소리 같은
부질없이 보낸 귀중한 시간 너머
죽고 사는 것에 사로잡혀 살았느니

우주의 정적을 깨뜨리듯
목 놓아 울기도 하고 웃기도 하였느니
무릇 경계에 서서 좌선을 하듯
난제에 부딪혀 정으로 쪼아대는 안심입명

묵언 무처로 저마다 돌아가는 발길
홍파 청파 백파로 충만한 동쪽 장천 하늘 아래
쉼 없이 거닐고 머물고 앉고 눕던 일
바닷길이 열려오는 명명의 길

생생한 혼백의 영골靈骨을 한 줌 흩뿌린 자리
뿔 없는 토끼와 계수나무 둥근달이 함께 잠든 요요한 밤
주소 없는 황천객의 무일점 점화
천축의 무덤에는 빈자등불이 환히 밝혀 있었다

하늘의 뇌성소리처럼 흰 꼬리를 숨기지 않고

하늘의 뇌성소리처럼 흰 꼬리를 숨기지 않고
광음의 신음소리 휘몰아치는 이 세상 비운의 언덕
두 손을 꼭 쥐고 있는 운명의 갈림길 가시밭길
자연의 풍모는 그 푸른 경계는 위대하다

먼동이 트인 태양광선의 우듬지
저만큼 쌓인 뜸한 돌무더기 돌무지무덤에는
초겨울 추운 날씨에도 갈아입을 옷도 없이
단 한 벌뿐인 이끼 낀 산천의 옷자락

빛과 어둠이 뿌려진 광음의 색조 속에
모진 세류의 풍파 눈으로 듣고 귀로 보아도
좀체 변함없는 청색시간 너머 삶의 교훈
큰바위 얼굴 무연한 모습

하나는 일체요 일체는 하나란 무언의 일언
잰 걸음 없이 험난한 천릿길을 걸어서 타파하듯
누천 년을 하루같이 초의 입고 살아가는 의연함이여
망백 백년의 산울림 오롯한 살림살이

하늘의 뇌성처럼 흰 꼬리를 숨기지 않고
광음의 신음소리 휘몰아치는 이 세상 비운의 언덕
두 손을 꼭 쥐고 있는 운명의 갈림길 가시밭길
자연의 풍모는 그 푸른 경계는 위대하다

절기 없이 피고 일기 없이 피는

절기 없이 피고 일기 없이 피는
꽃 울음 꽃 울음 우는 꽃이 어디 있을까
예로부터 지금에 이르기까지
광음의 붉은 색조 속에

봄에는 목련
여름에는 맨드라미
가을에는 구절초
겨울에는 눈꽃

우주의 어느 한 구석도
대지의 땅 흙 한 줌도 운수의 길
비바람 꽃떨기 꽃 지운 자리
내 마음 만상의 자리

무한에서 무한으로 향하는 여행
골짜기에 넘쳐흐르는 샘물 같은 물소리
한 순간 일순 념념 정지하지 않고
흘러흘러 굽이치는 물길 따라

길이 되고 뜻이 되는 한 송아리의 심상
단념 없는 생명의 유희 평상심의 황홀한 다반사
앞생각 뒷생각 쉴 사이 없는 인생사 무명초
이 세상 한가운데 꽃이란 무엇인가 무엇인가

남쪽에 이는 흰 구름

남쪽에 이는 흰 구름
북쪽에 찬비를 뿌리는 산하
하늘에는 뇌성 그치지 않고
땅 위에는 소 울음 워낭소리 밭을 간다

저 산에 만발하고 있는 꽃을 바라보라
금수난간에 비단자락 덮여있지는 않지만
일혹도 의심 없는 산천경계 너머
흙 파는 백성이 살고 있느니

시간과 공간 빛과 그늘 사이
고락의 복락 속에 복락의 고락 속에
그득 채운 한 잔의 붉은 포도주
진동하고 있는 적나라한 세상사

천지개벽하여 시시비비가 없는
제행무상 본래무일물 발가숭이 인생
면전 배후가 환하게 비추이는 자리
꽃피자 달 기우는 누대여

어처구니없는 꿈속의 꿈 이야기
속박과 언행의 견식을 벗어나지 못한 일언의 명령
선약 같은 일대 대 광명 같은 정령 속에
저 산에 만발하고 있는 꽃을 바라본다

나의 진인이여 나의 진인이여

나의 진인이여 나의 진인이여
마음에서 마음으로 전해오는
무언무설의 한마당 연극 같은 무용극
홀연히 일어나서 나는 나에게 예배한다

들어도 듣지 못하고
말을 해도 입 열지 못하는
사시절절 낙엽은 흠흠 떨어지고
꽃은 다시 핀다고 해보라

손으로 보고 눈으로 쥘 수 있는
온몸이 눈이요 온몸이 손인 육체의 관능
함께 죽고 함께 사는 동사동생의 혈처
천하의 대 명당은 마음속에 그린 일월상의 심경

풍경소리 하늘에 흰 돛배를 띄우고
오래된 절 마당 허공에 잠겼다 떴다 하는
정적의 메아리 나비치는 무심처의 경계
목이 마를지경 차 한 잔 따르고 싶다

삼월 꽃 시절에 하류에서
헤엄쳐 오른 잉어 한 마리
구사일생 경우에 이른 가여운 처지
녹아내리는 눈 송아리 푸른 향기 마신다

텅 빈 마음 감출 것 없어

텅 빈 마음 감출 것 없어
푸른 이끼 옷 한 벌 입은 바위처럼
거꾸로 매달린 표주박처럼
타는 목마름 물 한 방울 뿐이랴

천지지상 높은 것은 하늘과 산인데
설왕설래 오고 가는 사람들 이 세상 모퉁이
고향으로 돌아가지 못하는 사람들
인사 없이 헤어지는 사람들

겹친 어둠을 깨고
먼 길의 지름길은 어디
풀을 헤치고 물길 따라 가는 발길
사모하는 마음 일신의 뜻 뿐이랴

빛깔 담긴 허공 속에
물 위에 비추이는 만상의 꽃
일월성신 둥근 달을 가리키는 손가락
천 리 밖 소식 만 리 밖에 울리는 종소리

누에고치에서 실마리를 찾듯
물레를 잣고 베틀에 앉아 비단 무명삼베를 짜는
주머니 없는 수의 옷 한 벌 세상 나그네
지팡이 하나 꽂을 데 없는 인간사

큰 은혜는 감사하지 않고

큰 은혜는 감사하지 않고
큰 은덕은 이름하지 않는다는데 비할 바 없이
천심을 어기고 뜻을 거역하는 세태
다투고 다투는 사람과 사람들이다

더할 나위 없이 변천하는 인정 속에
한평생 등줄기에 땀 흘리는 광음의 화살처럼
천신만고 끝에 종천하늘 무일 점 황천객이 되어
저 많은 울울총총한 분묘 무덤들이다

맞부딪혀 부서지는 부싯돌의 불티처럼
날마다 바쁘게 날뛰는 피 묻은 삶의 처형장
한 번 일어났다 사라지는 알맹이 없는 인생
거울 속의 꽃 물 속의 달그림자여

빈자등불 밝혀 놓고 소향하는 마음
바른 몸 일깨워서 천리의리 익혀 뚜렷해지려니
씨알 뿌려 가꾸고 거둔 흙 한 줌의 노래 속에
시운의 때를 기다리듯 먼 곳의 종소리 그윽하다

일월성신 무명의 베틀에 무심히 앉아
인생고락 일광의 흰 옷을 짜는 정적의 밤이여
오래된 구리거울 속에 비친 참모습
잃어버린 미래의 청색시간 백골이 운다

배고프고 추운 것을 염려함인가

배고프고 추운 것을 염려함인가
교계의 부끄러움이 없는 타의 목숨을 헤치지 않고
농부의 공력 그 힘을 쌓는 생존의 두터운 본성의 뿌리
성심껏 베푸는 여여한 자연의 마음

땅 파서 밭 일궈내는 땀방울
씨알 뿌려 가꾸고 경작을 이뤄내는 길
누에 치고 길쌈 매는 삶의 옷자락
토속음식과 새 의복을 짓는 일

뒷세상 덕을 닦아 힘쓰지 않고
음식과 의복으로 편안케 하는 낭비적인 사치 뿐
슬프다 티끌인연 혹세를 벗어나지 못하고
날이 저물도록 어지러운 말과 행동이 아득하다

탐내고 성내고 캄캄한 거짓말 꾸며대는
청정하지 못한 살생과 도적질 음행 뿐이랴
경계인연 고요해져서 묘한 이치 대적함이 없이
가고 오고 머물고 앉고 눕는 허물이 깊다

목숨이 작거나 크거나 평등한 마음
땅에 꿈틀거리거나 하늘에 날아다니는 벌레까지
위급하고 난처한 액난을 건져내려는 방편 속에
땅 파서 밭 일궈내는 씨알 농부의 공력을

모양이 있으면서도

모양이 있으면서도
형상이 없는 물빛 슬렁거림 같은
바다의 울음소리 바다의 고요
나더러 어쩌란 말이냐

천지는 지극히 고요해서 이름이 없는데
어쩌면 여기에서도 큰 해일이 일 것만 같은
사무치는 마음 언어가 끊어진 자리
태허를 초월한 생애의 비등점

하염없는 자비로움과 무연의 감응
빠른 세월의 현묘한 빛이 비추어 나타나는
천 갈래 길은 다르나 돌아가는 곳은 하나인 것을
어긋나면서도 다르지 않은 삶의 교훈

미루어 생각하면 스스로 작아지는
어리석고 미혹한 발길 반조하는 아침햇살 육도인생
멸하고 유전하고 과보를 받고 고뇌하는
무상한 허환인 것을 나는 미처 몰랐다

고통을 두려워하지 않고 무위에 계합하여
행하는 바가 정직하여 서원을 세우는 진실된 참마음
언어가 있어도 말씀이 없는 물빛 반사 반짝임
천지는 지극히 고요해서 이름이 없다

소연히 홀로 벗어나

소연히 홀로 벗어나
깊은 산 깊숙이 고요 속에 묻혀
천지지간 변천하는 무상세계
지는 나뭇잎과 산새들이 깃을 터는 모습

봄에는 초록이 피어남이요
여름에는 신록이 무성함이요
가을에는 조락함의 성음 색깔이요
겨울에는 설백의 인연

꽃잎 하나 나부낌을 보고
붉은 과일의 풍요로움을 증득함이려니
낙엽 하나 땅 위에 구르면
내 손가락 손깍지도 하나씩 떨어지는

다만 인연을 따를 뿐
마음과 생각을 거두어 편안한 즐거움
한가로운 숲 속의 득음 목소리
청허한 외로움 산봉우리 우주를 가슴에 품는다

한가하기를 생계로 삼고 집을 짓고
외롭게 살아가는 이타행利他行 엄지손가락
숙세에 타고 난 근기 바람경 목탁소리
딱따구리 딱따그르르 구멍을 판다

시끄러운 세상 고요한 정신 일깨워서

시끄러운 세상 고요한 정신 일깨워서
근원이 밝고 깨끗해져서 점점이 지극함을 얻느니
귀와 눈과 소리와 빛살의 반사 온 누리의 광음 속에
어찌 이 대자연이 도타워 신령스럽지 않으랴

저 산악과 바다의 광음을 한 그릇에 담고
하늘의 뜻과 땅의 기운이 절기절후를 대답해주듯이
뽕나무밭의 새 주인이 바뀌고 천심이 바뀌고
마음 하나 변치 않고 도에 이르는 길

진여의 일념 속에 어떤 환희의 법의를 입고
마음속에 달아놓은 자등명법등명自燈明法燈明 신명을 다한 요의
한 생각 망념됨이 없는 용렬함이 없는 보배의 일도
형상의 그림자와 공적한 메아리를 목 베는 자리

푸른 하늘에 둥근 달이 뜨고 머리 위에 비추이는
툭 트인 산악과 세상바다가 걸림이 없는 대천세계
유정의 수레를 타고 떠나랴 무정의 수레를 타고 떠나랴
미혹한 마음 통한 길로 가면 만 리 길도 가깝다

눈에 가득 찬 집착을 깨고 향상하는 길
변두리 날저문 개천의 언덕을 넘고 넘어
미래의 청색시간 새들의 현관 온 누리의 아침
현묘한 빛 복사꽃 흐드러진 봄향기가 붉다

세상엔 세상엔

세상엔 세상엔
세속의 붉은 이름만 난자하다
실체로 토끼의 뿔은 있지도 않은데
항상 가까이에 머물 듯 허상허물만 크다

그렇게 있지도 않고 없지도 않은
마음 가는 곳까지 가득 차 있는 사람들
밝은 거울과 맑은 물의 고요처럼 삶이 귀결되는 자리
늘 타산이 많지도 적지도 않다

미처 알지도 못하고 떠나는 길
꼭두새벽 세상 한복판 변두리 어디로 가고 있는지
좀체 차도로 건너가는 위험한 사람들
인도로 걸어가는 착한 사람들

서로가 인사도 없이
가슴을 절며절며 뛰어가는 사람들
까닭 없이 우는 사람들 웃는 사람들
하고 많은 사람과 사람들 중에

내 안에 살고 있는 타인이 있어
나보다 먼저 다녀간 아픈 흔적만 남아 있어
메아리 없는 동산에 붉은 꽃 한 송아리
바람에 고개 숙인 채 피어 있다

솔 푸른 맑은 물소리

솔 푸른 맑은 물소리
달 밝은 만상의 경치
산 너머 구름 흩어지고
천리 밖을 바라본다

꽃과 향기로운 실과들
멀고도 가까운 휘파람새 긴 울음
호미자루 팔베개 심지삼고 즐겨 사느니
시간이 있거든 찾아오시기를

한끝 마음속으로 생각하면
때로는 홀연한 근심이 없지 않지만
심산유곡 분별심이 끊어진 자리
말로 내 마음을 다할 수 없어라

밤이 새도록 날이 저물도록
외로운 봉우리 나무 아래 앉아 번거로움
세상의 영욕과 시비가 없고 부끄러움이 없느니
성현도 속인도 없는 지극히 고요한 곳

무릎 꿇어 푸른 뜻을 가다듬듯
귀와 눈을 기울여 미묘한 자연의 일각
정신을 가다듬어 깨치는 그윽한 자연의 이치
외롬되지 않은 몸 별천지가 예 아닌가 한다

눈시울 뜨거운 가슴 가까이

눈시울 뜨거운 가슴 가까이
좀 더 가까이 촛불을 밝혀 당겨놓고
쓰러질 듯 꺼질 듯 곤두선 팽이처럼 돌고 돌아가는
홀로 감당키 어려운 밤 세상살이

거룩한 밤 고집멸도의 길
무엇을 더 보태고 무엇을 더 과보를 받으랴
육도인생 염념불망이 하염없어도
모두 환상인 줄 관조한다면

동 서 남 북
동북간 동남간 서북간 서남간
상하 십방 사이
너와 나 하늘 땅 사이

한 줌 덮어줄 흙도 없이
한 줌 숨겨줄 수풀도 없이
호심 깊숙이 낮달과 동무하고 픈
조약돌 하나

모진 세월 이름 진 세상녘
십일홍의 푸른 경계 너머 정나미 언덕
꽃을 밟은 상처 불에 덴 상처 뿐이랴
나는 죽어 한 줌 바람이 되리라

푸른 하늘에 둥근 달아 뜨라

푸른 하늘에 둥근 달아 뜨라
둘 아님을 밝히듯 온 누리에 빛나라
유정도 무정도 둘이 아니려니
법륜의 수레바퀴여 미혹한 수레바퀴여

강과 산이 툭 트여 걸림이 없고
변두리 개천물이 심중 골짜기에 흘러가고
천릿길 만 리 길을 걸어가도 돌아보면 한 걸음인 것을
저 달이 머리 위에 비추이는 것을 예전에 미처 몰랐다

유월 염천 하늘에 눈과 서리가 내려도
형상과 음향 색조가 꽃 피워 고요한 자리인 줄을
털을 쓰고 뿔이 나있는 소견을 불현 깨뜨리지 못하고
글과 말을 빌어 뜻을 펼칠 수 없는 세상살이

생의 바른 것을 가려내듯 옳지 않음이
항상 있지 않다 없지 않다 시시비가 없는 상정常情
진망의 어리석음 속에 둥근 달을 가리키는 선사의 손가락
꽃의 이름을 불러주기까지는 미혹한 인생

안과 밖이 향기로워 의연한 마음의 자리
진리의 이름도 없고 진실한 이치도 없는 둥근 달의 참모습
일체가 공하고 허망하여 본래 이름이 없는 것을
나의 아들아 너의 기억이 사무치도록 서러워 운다

도에 이르는 길 사무쳐 알고 깨우쳐서

도에 이르는 길 사무쳐 알고 깨우쳐서
그윽하고 고요함을 적시고 헐떡거림이 없는 일상
전일한 마음을 한 곳에 모와 일깨우는 영혼
망념에서 벗어난 사람 참된 자유인

죄 됨은 음욕보다 큰 것 없고
탐욕보다 큰 재앙은 없다 하느니
쇠 불기둥에 창자와 뼈마디를 태우고
피와 살이 헤어져 골수에 사무치는 고통

일체의 목숨 있는 것 함부로 죽이고
살생 도둑질 음행의 신업身業을 짓고
거짓말 꾸며대는 말 두 가지 말 악한 말 구업口業을 짓고
탐내고 성내고 사뙨 소견으로 의업意業을 짓는

육신의 가죽주머니에 담은 분뇨와 피고름
색색동이 옷 입고 향 발라 더러운 냄새 부정한 것
위장하고 치장하고 은폐 엄폐하는 세상녘
탈을 쓴 인간지옥이 아닌 극락천 세계

한 송이 연꽃이 피어나듯 일화세상
한마디 한 말씀 꿈도 푸르고 하늘빛도 푸른 마음
산천초목 신록의 산울림 오월의 찬가 청색시간
풀끝에 맺힌 아침이슬 천지 햇빛이 영롱하다

실로 꿰어 목에 건 꽃송이 꽃다발

실로 꿰어 목에 건 꽃송이 꽃다발
꽃 시절 허망함을 물리치듯 진실을 밝히듯
정결한 마음 닦은 행로 슬픔이 없기를
언어 밖의 사무치는 찬탄함이여

여한을 풀지 못한 애달픈 이 세상녘
유명을 달리한 죽음과 형상의 노래여 꿈이여
검은 눈동자 자취 없이 적적하고 외롭기만 한데
어디에 의지하리요 세속의 풍정 서러움을

세상엔 덕화의 소리는 들을 수 없고
무릇 슬픈 감정은 치우쳐 무성하기만 하다
절절한 마음 깨친 뜻 붉은 슬픔을 잊으려하느니
한결 같은 도의에 계합하여 의롭게 사는

고요히 생각하고 또 생각하고
선정을 닦듯 참된 큰 지혜를 얻듯
삼라森羅와 만상萬象은 둘 아닌 하나이듯
생사윤회를 초월하듯 사모함이여

기틀을 굳게 세운 자리 의지하여
스승을 찾듯 높이 섬기듯 누구도 빼앗아갈 수 없는
훈도의 길 교만하고 사치한 마음을 경계하여
허물이 없도록 몸과 입과 뜻을 바로 세우다

푸른 산 푸른 강 경계 너머

푸른 산 푸른 강 경계 너머
빛과 소리와 색깔을 따라 가노라면
해탈로 향하는 무위의 발자취
멀리 오르고 높이 이르는 길

구름 같은 몸 털가죽을 쓴 인생사
교화도 없이 은덕을 바라는 캄캄한 세상살이
인지의 땅에 인과의 붉은 열매가 매달리는
피 묻은 생의 이름이 감추어진 곳

전생으로부터 닦아온 일대사 필연의 존재
지극히 깊은 곳 햇볕 어두운 인환의 거리마다
큰 길에 이르지 못하고 애욕의 탁한 흐름 속에 떠내려가는
끝임 없이 오르내리는 윤회의 언덕

풀잎 끝에 맺힌 이슬 이슬 맺힌 풀잎
서리 덮인 절개 사모하는 자비심 고운 얼굴
텅 빈 마음속에 빈자등불 밝혀놓고
어묵동정 종소리 들려오는 광음천지

선근의 종자 곱게 파종하고
근원으로 돌아가는 광원의 광채
마음 속 구슬 같은 고요한 적멸 또 다른 고향
별과 달이 하늘에서 빛나고 있다

생과 멸이 끊이지 않고

생과 멸이 끊이지 않고
순간순간 새롭게 일어나고
앞생각뒷생각 서로 이어져 돌아가는
윤회의 두 수레바퀴

이 몸은 아침이슬이라 하고
이 목숨은 지는 햇빛 같다 하느니
본래부터 스스로 공한 줄을 알고 닦아
목석과도 다른 묵언 속에

밖으로 모든 인연을 끊고
안으로 헐떡거림이 없는 고요히 비추이는 자리
뚜렷이 밝고 사무치는 반조 천연한 성품
선행도 악행도 짓지 않은 심안의 계율

이를테면 허물을 뉘우쳐 부끄러워하고
널리 예경 찬탄하고 기뻐함을 권청하는 속생활
맹세코 미래의 세상이 다하도록 이끌어가는 대열반의 소식
상념의 날개가 편히 머무는 곳

비추어 어둡지 않고 공한 지혜 속에
여의주를 손에 쥐고 있는 빛과 보배스러운 길
공하고 공한 변두리 한복판 환히 트인 모양
가고 가듯 이루기를 기다리는 해탈

고개 들어 고개를 들어

고개 들어 고개를 들어
차마 바라보지 못하고 훔쳐보는 청산
하늘 아래 큰 죄인인 양
허리 굽은 늙은이

초혼을 불러
체백을 불러
구름 따라 바람 따라
가는 길

극진한 사랑 머나먼 나라
모두 성문 밖까지 배웅하겠지만
울도 없고 담도 없는
푸른 경계선 너머

어디에다가
지팡이 하나 의지할 데 없는
풍화작용 진수풍경
바보산수

눈물어린 애소
시간이 지나면 조금씩 잊어버리는 기억 속에
누구의 관심도 멀어져 보이지 않는
환한 신작로

아주 고요하고 성성한 자리

아주 고요하고 성성한 자리 나는 무엇일까
허리 굽은 지팡이 짚고 산란한 생각 생각을 물리치듯
처음부터 계절의 끝자락을 추구하듯 잎과 가지에 꽃 송아리를 피우듯
눕거나 앉거나 언제나 깨어있는 일면식 꽃바람 소식 뿐이랴

한 생각 받아들여 일렁이는 마음의 집으로부터
한 송이 꽃 송아리 차례로 피고 지는 진여의 길 성품처럼
저마다 근원으로 돌아가는 진금을 캐는 빛과 그림자 사이에서
유명을 달리한 삶 환한 얼굴 푸른 넋을 어찌 가슴에 지우랴

피 묻은 경계에 처해보지 않으면 그 슬픔을 알지 못하느니
없음은 없음이 아니요 있음은 있음이 아니라는 묘한 깨달음 속에
비추이면 고요하고 성성한 마음의 자리가 헐떡임이 없는
반연하여 집착함이 없는 촉촉한 눈물의 씨알

아직 미혹하여 영혼의 껍질을 다 벗지 못한 여한의 숲 속에서
치열하게 타는 섶을 만나 요원한 불길 같은 발돋움 하늘 길 너머
천지창조의 공간 이 세상 공하지 않은 것 어디 있으랴만 허공세계
홀연히 가로질러 날아간 새 한 마리 울음소리를 관조하느니

얽매이지 않고 빛나는 피 울음 천로역경 속에
한줄기 빛과 색조가 어린 오래된 탑돌이 언덕 필연의 인생
변두리 도랑물을 건너 산천경계가 걸림이 없는 대자연의 풍모
편편히 떨어져 땅 위에 구르는 허화가 너무나도 붉다

한 송아리 야생의 꽃을 꺾어들고

한 송아리 야생의 꽃을 꺾어들고 미소 짓는 얼굴
가시밭 윤회의 수레바퀴 속에 돌고 돌아가는 육도인생
나서는 죽음으로 돌아가고 죽어서는 다시 동토에 태어나서
무엇과도 차별이 없는 성품처럼 내 인생 고요해질까

반연하는 세상사 푸른 경계 속에서
이 세상 세속의 한복판 불타는 집 아우성 속에서
괴로움과 즐거움 더러움과 깨끗함 범부와 성인에 이르기까지
갈레길 변두리 전생에서 후생에 이르기까지

선과 악의 동행인 금생의 복을 닦는 일
살생하고 장수하고 가난하고 병들어 애소하는 일
선의 원인은 낙樂의 결과요 악의 원인은 고苦의 결과이려니
그림자가 형상을 따르듯 필연의 인연이려니

인연 따라 정情에 의해 생기는 품새
변천하는 시대의 붉은 잉크로 써놓은 정사의 깃발
물은 물같이 흘러가고 불은 불같이 타오르고
찬바람은 찬바람같이 불어 태산준령을 넘어가듯

인의 땅에 과의 열매가 맺어 가이 없는
끝없는 반야의 꽃 이야기 죽음의 향기 속에
마음 안의 법당을 짓고 주인공으로 살아가는 길
천지 대자연의 호연한 말씀 무정의 설법

길이 끊어졌다

길이 끊어졌다
마음 가는 곳이 사라졌다
깊이 생각하려해도 생각이 없다
말을 하려해도 말을 잃었다

대자연의 안주 풍정 속에
태허의 고요 묻힌 세월 지극한 감응
무연의 종지를 찍고 저마다 근원으로 돌아가는
끝없는 생로병사의 괴로움

만월의 나루터 여울진 세상 속에
크게 서원을 세우고 경천 하늘을 공경하는 마음
때맞추어 기르고 행하는 영합 어린아이같이
둥지의 새가 깃털을 터는 소연한 모습

나아가서 일찍이 다르지 않은 애소 속에
미진함이 두려운 삶 무상을 증득한 천로역경
품에 안기는 생사의 윤회 과보의 응보
무위의 강을 영락의 지팡이가 건너가듯

어긋남이 없는 청정한 법계 환한 어두움 속에
둘 아닌 참 마음으로 천 갈래 만 갈래 찢긴 가슴
인과의 성문을 두드리며 흐르는 피눈물을 남몰래 닦으며
아들아 너의 이름을 초가지붕 위에 올라가 목 놓아 부른다

천지는 지극히 고요해 이름이 없는데

천지는 지극히 고요해 이름이 없는데
언제부터 휘휘 내저은 하늘이 저 푸른 하늘이
내 마음의 손끝으로 내려와 자꾸만 내려와
내 품안 가까이 내려와 돌아눕다

불사의 깊은 밤 아기별처럼
진금을 캐어서 녹여 만든 종소리처럼
일착 점 종지부를 찍듯 말과 글을 빌어서
혼미한 세상 일깨워 귀 기울이는

직지인심 바람경 불경소리처럼
오래된 불탑 언저리 휘영청 돋은 달빛사냥
불성이 있고 없고 광음이 빛나는 자리
밝게 비추이는 고요한 경계

윤리 법도도 없이 흐느낌도 없이
실실이 머리칼 풀어 극락왕생 발원하듯
미래의 청색시간 너머 애소하는 마음
발돋움 서성이는 신록의 향기

천지는 지극히 고요해 이름이 없는데
언제부터 휘휘 내저은 하늘이 저 푸른 하늘이
내 마음의 손끝으로 내려와 자꾸만 내려와
내 품안 가까이 내려와 돌아눕다

거룻배와 노를 버리고

거룻배와 노를 버리고
강과 바다를 건너가는 저 달이
어제는 내 머리 위에 거울같이 비추이더니만
서리 찬 뭇 거리 종천 하늘 서역으로 넘어 가네

한 생각 그대로 공한 자리
차마 못 잊어 잊으려하면 생각나듯
울어도 울어도 울지 못하고
다정도 병이 되고 약이 되어 흐느끼다

먼 훗날이면 그래도 잊으려나
거듭거듭 사무쳐와도 집착은 말자
홀로롭자 당당하자 하면서도 남몰래
뒤돌아보는 허망한 발뒤꿈치

거듭 드러나는 허망한 참 마음
있는 듯 없는 듯 병이 약이 되듯 약이 병이 되듯
긍정도 부정도 신음하는 인생사 세상사
소리 없이 우는 통곡의 밤이여

앞생각 뒷생각 한 생각 속에
모든 것 그대로가 공인 줄 깨쳐 알면서도
서러움은 있지도 않고 없지도 않듯
허물만 그득히 펼쳐 그릇에 담다

정과 동의 움직임 속에

정靜과 동動의 움직임 속에
밝음과 어두움의 빛살 광음 속에
서로 다르지 않고 둘이 아닌 마음의 행로
가고 옴이 어긋나지 않은 길

저 하늘의 부름의 이름 속에 반연한 자리
호심 깊숙이 비추인 하얀 낮달같이 동무하고 픈 조약돌
한 줌 덮어줄 흙도 없이 한 줌 숨겨줄 수풀도 없이
빛과 어두움의 힘 긍정과 부정의 힘 청아한 모양

앞산 뻐꾹새는 뻐꾹새같이 울음 울고
숲 속 승냥이는 승냥이같이 울음 우는 산천
한 티끌도 더러움도 물들지 않고 어지럽히지 않은
다툼도 없는 탁 트인 빛과 광음의 심처

일체의 인과가 뚜렷이 비추인 고요한 바다
문자와 언어가 끊어지고 부딪침도 없는 현묘한 곳
정과 동이 함께 움직이고 이끌어가는 종지부
저마다 진여의 자연으로 흙으로 돌아가는

이를테면 삼신한테 인생반환 청구서를 내듯
횡으로 생을 다하고 종으로 훤히 밝힌 영혼의 영토
사랑하는 마음속에 꽃향기 흐드러지게 핀 형상의 정원
애별리고의 피 묻은 모정이 참 모나기도 하고 둥글기도 하다

거동과 생각과 마음을 거두고

거동과 생각과 마음을 거두고
혼자 깃들기를 즐겨 숲 속에 묻히노라면
모두가 고요한 모습 종일 잠잠하여
청허한 봉우리 적멸법을 설하다

한산하기를 빌어 생계를 보태고
변천하는 세상사 외롭게 살아가는 가시밭길
벽지불이라도 된 듯 숙세의 공과 덕을 닦은 듯
인연하여 기쁨과 슬픔이란 구슬을 꿰어 목에 걸다

지극한 마음의 행로 소롯길 너머
붉은 애견愛見에 물들지 않고
머리에 붙은 불 목숨마저 보시하듯
미세한 죄도 범하지 않는 허물

인욕을 행하듯 베거나 끊는 아픔
사슬에 묶인 애별리고의 정명
기연의 인연 따라 매듭을 푸는 애소
사무쳐 흐르는 광음의 꽃송이여 빛이여

초월한 무위법 숲속 딱따구리 목탁소리에
꽃을 밟은 상처와 불에 덴 흔적을 씻고
구멍뚫린 하늘녘 귀 울음소리 듣다
구멍뚫린 하늘녘 귀 울음소리 듣다

산천초목 푸르른 나날에

산천초목 푸르른 나날에
지극히 간절한 소원발원 속에
생각이 없음도 없고
없음이 없음까지도 없어

큰 서원의 흰옷을 지어입고
삼계의 텅 빈 집을 짓고 지고
텅 비어서 가득 찬 세상살이
한 많은 초로인생

더해지고
빼어지고
곱해져서
나눠지는 셈법

수심이 깊고 옅음도 차별 없이
일후 날씨의 밝음과 어두움도 없이
저승의 강을 건너가는 죄인처럼
피안의 언덕배기는 어디

비추이는 거울 속의 참모습
언제부터 타인이 찾아와 나와 함께 살고 있어
천수천안 가엾은 얼굴 기리는 마음
영원을 향해 가리키는 손가락

여기 1

여기
있음에
집착하지도
않고

저기 공空에
집착하지도
않은
자리

이승의
강을
건너가는
지팡이

수심이
얼마나 깊은지
옅은지도
모르고

나는
지금
이승의 강을 건너가는
위험한 짐승이다

둥지를 잃고 공중을 나는 새여

둥지를 잃고 공중을 나는 새여
길을 잃고 땅 위에 기어가는 자벌레여
앉거나 눕거나 편안하지 못한 사해의 바다여
흰 포의를 입고 건너가는 나는 누구

저 하늘은 우러러 보면 한 점 청명한데
홀로 호심 깊숙이 수심 속을 들여다보면
만상이 어리는 고요한 물빛 그림자
물결치는 내 마음의 모습이여

허물을 벗고 또 벗어던졌어도
검은 바위 밑에서 똬리를 틀고 살아가는
저 놈의 붉은 혓바닥
죄 많은 배암이여

차도로 걸어가는 세상 한복판
초야에 묻혀 도의에 맞게 혹은 꾸짖고 혹은 찬양하고
때로 돌아눕는 결초보은의 길
한 많은 인생행로여

백두옹 머리 지팡이 하나
해어진 미투리 짚신을 신고
무거운 환생의 수레를 끌고 가는
해탈의 언덕배기여

마음속이 캄캄하게 어두우면서

마음속이 캄캄하게 어두우면서
어찌 부르짖어 따듯한 밥을 구하랴
신업身業과 구업口業이 단정하지 못하고
삶의 근원으로 돌아갈 수 있으랴

구부러진 아첨과 허위 속에
마음대로 일어나는 사랑과 미움 뿐이랴
끓어 오르는 미혹한 번뇌와 불꽃의 어리석음 속에
편벽된 앎으로 스스로를 속이지 마라

꼬득이듯 참되다고 말하는 자들
온 생애에 비치는 세간의 담론 변질자들
인과를 무시하고 죄와 복을 살라먹는 이 세상녘
보고 듣고 살고 죽는 것 위배된 허상 뿐이랴

행여 길이 아니면 가지도 마라
행여 뜻이 아니면 태어나지도 죽지도 마라
그렇게 선도 악도 짓지도 마라
청빈한 말씀 가득 찬 텅 빈 하늘의 말씀

근본의 인연 두루마기 도포자락 펄럭이듯
말 없는 청산의 청음소리 전해오는 풀잎편지
사사로운 과보를 뛰어넘는 금생의 금은보화
숙세에 익힌 소견 두 손 모아 합장하다

멋쩍고 어긋나고 천박하고

멋쩍고 어긋나고 천박하고
들뜨고 다투고 망령되고 용렬하고
형상 따라 메아리 같고 소리 따라 그림자 같은
근기 없는 얕은 미명 다하지 못한 인생사

겸양하여 스스로 빛남을 자랑하지 않고
넉넉지 못한 뜻 지혜로운 종지에 집착하지 않고
그림자와 메아리 물거품과 빛살 허공 속에
밝히지 못한 취지와 대붕의 날개를 펴는 일

텅 비어 그득 찬 세상 만물의 교통 속에
마음의 표준도 기틀도 없이 어찌 요의를 어지럽히랴
항상 여여한 태공 변천하는 세상사
산과 바다의 경계를 무너뜨려 어찌 옮기랴

어지러운 곳에 있어도 시끄럽지 않고
정신 고요히 굳게 비추이는 맑고 깨끗한 근원
천지 균등하여 미묘하고 뚜렷한 자리
한량없는 하늘보다 더 높이 떠있는 해

티끌을 범하지 않은 영혼의 영토
무정한 풀잎까지도 유정한 벌레까지도 꿈틀대는
더러움을 씻은 몸과 구업을 닦은 흰빛 대자연의 에너지
법성의 인연 푸른 경계를 숭상함이어라

강과 산이 툭 트인 환한 자리

강과 산이 탁 트인 환한 자리
부름의 이름과 모양이 미혹하지 않고
털끝도 막힘이 없는 영혼의 성지
환원하는 종천 하늘 종소리 들어라

형상과 실상의 길이 가이 없어
끝없이 돌아가는 환원의 융합 애별리고
유정과 무정의 뜻이 그 차별이 없어
시작도 끝도 없는 피안의 세계

동쪽에 부는 바람 서쪽에 이는 구름
변두리 개천에 흐르는 물소리 봄소식
지초지란을 품어 안은 정나미 고향 언덕
있음도 아니요 없음도 아닌 기약 없는 인생

대문이 없는 황천길 하늘 너머
어둡고 밝은 광명이 온 누리에 고요히 빛나듯
종지를 찍은 산악은 자리를 옮기지 않고
둘 아닌 만법의 수레를 끈다

불철주야 해넘이 발걸음 속에
무명 옷자락 옷고름 여미는 산맥과 수맥 사이
슬퍼서 목이 매여서 이승의 고운 날개를 파닥이듯
귀 울음소리 강 물음소리 바람소리 들어라

현묘 형형한 설산의 자태여

현묘 형형한 설산의 자태여
세상의 장엄한 뜻과 말이 끊어지고
털을 덮어쓰고 뿔을 이고 사는 인간사
진망 속에 어리는 피눈물 생애여

천상 인간 지옥 축생 아귀의 탈을 뛰어넘지 못하고
쏟아지는 작은 별똥별 이야기 빛 밝은 고요 속에
광음 색조의 붉은 명색 환한 어두움 속에
마음과 마음으로 전하는 말없는 전언이여

옅은 미소 속에 이름지어 부르지 못하고
현시를 궁구하기 어려운 피 묻은 형상의 노래 뿐
참뜻을 다 펴지도 못하고 근원으로 외돌아가는 길
망자의 슬픈 하늘이여 흰빛 그늘이여

스스로 기연을 다하지 못한 발자취 속에
파도로 인하여 일어서는 바다의 진망 속에
세상에 오지 않았으면 세우지 않았을 명색의 눈둥자여
항상 세속의 기억 속에 머무는 모습이여

진실한 이치의 이름은 없고 세속의 이름만 남아서
망령되이 물들은 물빛 물마루 광음의 흰 거품 그림자뿐
날 저문 해조음소리 휘파람소리 천상의 그물을 짜는
차마 귀 기울여 울지 못하는 통곡의 파괴여

진과 망이 하나라면

진眞과 망妄이 하나라면
세상에 있지 않고 없지 않은 이름 뿐이랴
온통 인연 따라 물결이 치솟는 바다
마음이 가는 곳까지 사라지는 진망

모양이 있는 것은 모두 허망하여
둘 아닌 마음으로 생각하거나 말을 해도
펼치면 가득 찬 세상녘 어디로부터 왔는지
어디로 가는지 알지 못하는 인생사

일도 창해하듯 청정하게 환원하는 길
오고 감이 높고 낮은 봉우리 석굴 속의 편안함 속에
몸과 마음이 한가롭고 고요한 진경산수 속에
푸른 솔 밝은 달이 천리 밖을 비추인다

험악한 시정의 다툼이 없는 옷자락
세한도의 송백 한 그루 푸른 소식 담아
심산의 맛 청음색조의 분별심이 끊어진 자리
말과 글로도 다 말할 수 없느니

만상의 흰 구름 흩어진 동심의 세계
긴 휘파람소리 멀고 가까운 팔베개 하늘
꽃과 향기로운 과일 벌 나비 새들의 현관
세속과 다른 정신수행 심지가 그윽하다

말로 다할 수 없는 마음이어라

말로 다할 수 없는 마음이어라
깃들어 읊조리듯 덕음이 그윽한 곳은 어디
날 저물도록 머리 풀어 초야에 묻혀 사노라니
밤새도록 외로운 산봉우리 홀로 단정히 앉아 번거롭지 않다

세속을 벗어나 절개를 지키듯
영욕과 시 시비를 보거나 듣지도 않고
왕래함이 뜸한 한가로운 새소리 자연의 맛
청음 청색이 향기로운 풍요 만화방창

우거진 숲 호미자루 베개로 삼듯
참된 수행 진여에 이르려는 진취의 땀방울
무릎 꿇고 뜻을 가다듬은 단정한 몸가짐
지극히 오로지 닦은 현현한 마음가짐

결단하고 선택한 곧은 도리의 길
정신을 가다듬으면 그윽한 이치 현묘한 자태
눈과 귀를 씻고 심심유곡 백도라지를 캐어내듯
천상의 글문과 땅 위에 지리가 해 밝혀지리니

이제금 저제금 이뤄짐이 꼭 이뤄지기를
일신의 목소리 피 흘린 천도의 길 따르려하느니
전생에 익히지 못한 정도의 계합 불의의 창문
경계에 처해도 물러남이 없는 대망이어라

이 몸은 한가롭기를 원하나

이 몸은 한가롭기를 원하나
마음이 편안하지 못하다면
몸과 마음은 창과 방패의 싸움터
그윽하고 고요한 필생은 어디

환하고 텅 비어 허물이 없고
자유 평등 사상 속의 빛과 소리뿐이랴
자연의 맛 초록향기와 신록의 왕관 새들의 현관
뒤바뀌지 않는 본성의 집이 아니랴

늘 경계에 처해 마주치는 상념 속에
소견을 여읜 적이 없는 원융한 세상
심심산천 거량할 수 없는 깊은 도량
어찌 먼 곳을 떠나서 낙토를 찾으랴

꾀하기를 비추이는 저 하늘은
떠가는 흰 구름은 지상의 탄식 영락의 열쇠
미혹한 윤회 타는 가슴 붉은 열매
분별심이 없는 마음의 평화가 아니랴

치우침이 없는 교화의 법륜바퀴
근기 따라 근원으로 돌아가는 유속의 강물같이
메아리 없는 동산으로 돌아가는 고향의 언덕
강산은 푸르러 붉고 이 몸은 죽어 백 년이더라

위로는 정천까지

위로는 정천頂天까지
아래로는 풍륜風輪에 이르기까지
천상과 지옥 죄 많은 미진한 중생의 길
선근의 공덕을 갈고 닦는 해탈

천지신명의 명호를 빌어
언제나 염두를 떠나지 않는 용맹심과
큰 서원을 세워 버리지 않는 인고의 정신
수승한 인과의 붉은 꽃이 피어나리니

공간을 다한 필생의 고통 속에서도
스스로 강인하여져서 악도에 떨어지지 않고
인과의 열매가 단 나무 청색시간 너머
땅 속의 뿌리까지 향기로운 영토

청정한 숲속 샘터에서 세안을 하고
태어난 세계마다 의복과 몸을 위한 음식의 맛
세간에 있는 티끌 공덕을 모아 도리를 다한 요의了義
맑고 깨끗하여 일체심이 고요한 자리

만행을 성취하듯 신통을 구족하듯
걸림이 없고 뒤바뀜이 없는 정미로운 마음
지심志心으로 도를 이루는 길 소원성취를 궁구하는
정천에서 풍륜에 이르기까지 복됨이 있을지어다

동동 월 밝은 달의 붉은 기운이

동동 월 밝은 달의 붉은 기운이
광음천지의 흰 수레를 휘몰아 타고
천고의 땅 빛 노을 옛 고을에
새벽하늘이 열려오는 여명소리

알로 태로 습기로 변화하여 태어나듯
빛깔이 있고 없고 생각이 있고 없고
그치지 않고 이어지는 끝없는 고해바다
큰 서원을 이루는 무상한 심천

지심으로 정성을 기우려서
필연코 약속하옵는 금생으로부터
내생의 정각을 이룰 때까지 부지런히 구하고
물러서지 않고 인과를 닦는 일

가도 가도 황톳길 꽃 울음 산천
목숨이 중간에 일찍 죽어갈지라도
정녕코 정명正命을 다할 때
악한 모양 두려움이 사라지리니

뒤바뀐 생각 고통이 없어지고
악한 나라에 태어나지 않고 추루하지 않고
소경 귀머거리 벙어리로 태어나지 않으려니
단정 깨끗하여 허물과 더러움이 없기를

하늘을 마구 색칠해놓고 보니

하늘을 마구 색칠해놓고 보니
파란 하늘 끝없는 바다가 생각났다
바다가 찢어지는 보름사리 때
세상에 어떤 엉뚱한 해일이 일어날 것만 같다

깃털보다 가벼워진 햇살 속에
흥에 겨워 길을 떠나는 갈매기 울음소리는 아닐 성싶다
아름다운 하늘이 맞닿는 수평선 너머로
내 마음 속에 소리쳐 외치는 봄 우레 소리

갈매기 날아가는 뒷모습을 멀리까지 응시하듯
누군가 그리워서 거울 속을 언제까지 들여다보듯
저 외로움의 정적들이 이 시를 쓰게 했느니
까마득히 울리는 종소리와 사람들의 목소리가 그립다

오늘도 저 하늘을 마구 색칠해놓고 보니
파란 하늘 끝없는 바다가 자꾸만 생각났다
선동하는 내 조국의 하늘은 어디쯤 높푸를까
눈은 듣고 귀는 보아도 이목구비론 알 수가 없다

이미 펼쳐놓은 이름 진 세상녘에서
어떤 법칙대로 어떻게 살아가면 되는 것이냐
광기에 사로잡혀 철썩이는 파도소리 봄 우레 소리
마구 색칠해놓은 하늘의 별빛 속으로 내가 사라졌다

곧 그대로

곧 그대로
시작 없는 예로부터
시방 현생에 이르기까지
무심한 마음이 부처라는데

요연히 사무쳐 얻은 바 없는
마음으로부터 전해 받은 심심상인心心相印
머문 바 없는 마음까지
번뇌 없는 지혜

허공에 비추이는 밝은 햇살같이
온갖 소리와 빛깔과 맛과 냄새에 집착하지 않고
타고 남은 재와 꺼진 불같이
모든 모양과 행위가 무상한 것

풀 옷 입고 풀뿌리 캐어 먹고
나고 없어짐이 힘 다해 떨어지는 화살같이
뜻대로 되지 않는 이승의 세상녘
저승을 뛰어넘는 명약

일거수일투족 얻음이 없는
어린아이 울음 그치게 하는 일
모나고 둥글고 길고 짧고 형상이 없는
실다운 마음 부처의 자리

앞일 생각 뒷일 생각

앞일 생각 뒷일 생각
뒤바뀌지 않은 생각 속에
생과 사 사이 가교를 건너가듯
일월성신 구름과 안개 거치면

일시에 나타나는 청정한 풍정
깊고 깊은 곳 사무쳐 비추이는 산정
오고 감이 자유로운 해탈의 향기
무념무상의 골짜기 반야의 꽃이여

세상 어지럼증에 물들지 않고
일체만상이 모두 마음속에 있었거늘
일천 강에 흐르는 저 달이 밝은 달이
동산 머리 위에 가슴 속에 비추다

돌아올 수 없는 인환의 거리에서
삼경의 옛사람을 만나 길을 떠나듯
수많은 세월 미혹한 발걸음 안심입명 속에
생각 생각이 차별이 없는 자리

망념은 한 찰나 광음의 빛줄기
보고 듣는 인연 다 여의지 못한 채
무상의 숲 미명의 종소리 무주의 집을 짓는
가슴에 묻은 자식 뚜렷한 모습이 어리다

산천초목이 푸르고

산천초목이 푸르고
하늘빛 우러러 푸르른 산천
에 뼈 한 줌 묻어놓고
머리 풀어 살아가는

무명 옷자락
초로인생
허리 굽은 지팡이
하나 꽂을 데 없어도

호미 끝에 캐어낸 뿌리
심심산천의 백도라지 하나
두견새 피울음 산울림 메아리
귀 울음소리 들어라

강과 바다를 건너고
산천을 넘어
연등불 밝힌 인욕忍辱의 자리
유유한 생사 몇 번이나 나고 죽었던가

높은 산봉우리 깊은 골짝
솔 나무 검 바위 텅 빈 바람소리
뜻대로 생업은 얻지 못했어도
달빛 씻긴 물소리 들어라

구하지도 않고

구하지도 않고
머물지도 않고
붙들지도 않는 천당 지옥 간에
망정을 다한 살림살이

눈과 귀가 어두워지고
주름살 기억이 지워질 때
마음 속 어디도 의지할 곳 없어
갈 곳 모르는 바보 같은 사람

명리와 물질을 팔아 구제하지 못하고
푸른 경계 너머 반연할 뿐
반조할 줄도 모르는
목석같은 사람

한꺼번에 업연이 나타나
찬란한 빛 장엄한 모습으로 기우는
생을 받게 되는 대명천지 해바퀴
소리 없는 피안의 길

분수 넘치는 세속의 속생활
이제는 손 발 씻고 정리할 때
흙 속에 묻힌 돌비늘처럼
광음의 햇살 반짝이다

동서남북 흘러가는 물결

동서남북 흘러가는 물결 빛살 속에
여울져 반짝이며 물방울 튕기는 광음의 소리
흰 도포자락 징검다리 지팡이 짚고
내천을 건너가는 내 안의 나그네

죽어서는 다시 돌아올 수 없는
수많은 인환의 거리 불타는 노을빛 하늘
머리 위에 이고 지고 살아가는 해거름
품에 안겨오는 먼 산 메아리

하늘 한 번 우러러 보고
땅 한 번 굽어보고
목이 감겨 우는 빛 고운 산 그림자
지워지지 않는 피눈물 가슴팍

절기 따라 푸르른 산하
드높이 솟아 빛나는 끝없는 영공
서리 찬 발뒤꿈치 서성이는 때 저녁
목메어 불러봐도 대답 없는 메아리

위험위험 흘러가는 세월의 목마름 속에
행여 섧게 붉게 물들은 가을 잎 구르는 소리에
세상 끝 천지개벽 천둥소리 귀 기울이는
내천을 건너가는 내 안의 나그네

옷 한 벌 밥 한 그릇

옷 한 벌
밥 한 그릇
명예 하나
이익 하나

살림살이
걸림이 없다 말하듯
스스로 자기를 속이고
남을 속이지 마라

머리끝에서
발끝까지
채찍을 맞고
한 죄도 없다면

두려워할 것 없는
저 생사의 강을 건너
삼악도*에 빠지지 않는 용맹심
당당히 설수 있는

걸음마다 연꽃을 밟고도
애욕에 물들지 않는 마음의 상처
인연에 집착함이 없는 정토
무상의 해탈 속에 춤추다

* 삼악도三惡道 : 악인이 죽어서 간다는 세 가지의 괴로운 세계(지옥도 축생도 아귀도).

머뭄이 없는 데에도 머물지 않고

머뭄이 없는 데에도 머물지 않고
유무의 모든 사유에도 머물지 않고
머물지 않는다는 생각마저도 내지 않는
큰 선지식 또는 두 마음이 없는

밧줄도 없이 자기를 결박하고 얽매여서
불성이 있다고 하면서 불성이 없다고 하면서
불성이 있기도 하고 없기도 하다면서
있지도 않고 없지도 않다고 하면서

산천초목을 베고 땅을 일구는 업보여
죽는 마당에서도 익숙했던 습성을 찾아 떠나가는
매순간마다 좋은 경계가 눈앞에 나타날 때
나쁜 일을 하지 않았으면 나쁜 경계가 없으리라

현재는 인因이고 죽음은 과果인데
과보가 나타난다 해도 어찌 두려워하겠는가
옛에도 지금이 있고 지금에도 옛이 있느니
자유를 얻었다면 미래세상까지 자유로워지리라

한 생각 한 생각이 매이지 않고
마치 바다에서 큰 물결이 다하면 파랑이 고요하듯
소리 냄새 맛 촉감이 안팎으로 막힘이 없으려니
낱낱이 모든 세계의 광채가 두루 기득하리라

눈 가득히 푸른 산

눈 가득히 푸른 산
모든 소리와 빛깔이 그대로
어묵동정 허공세계
산하대지여

한 생각이 없고
망령된 이름이 없고
없음이 없는
무심한 발뒤꿈치

덧없음으로 돌아가는
공수래공수거 삼륜마차를 타고
머문 바 없는 마음마저 다 내려놓고
생사윤회를 깨부수는 날

인과에 앓아누운 자리
쓰라린 고초 울연한 정토
비추인 둥근 달을 보자기에 싸들고
법당으로 들어가는 인생

연등불 밝힌 세상
처마 끝에 잠겼다 떴다 하는
산울림 고요한 풍경소리에
옛 삼경사람 만나 담소하다

본래 내 몸이 없다 하자

본래 내 몸이 없다 하자
어느 곳에 한 슬픔이 남아 있으리오
소리 찾아 메아리를 쫓는 허망한 생사
자취도 발자국도 모두 끊긴 자리

천지만물이 있고 없고
내가 있지도 않고 없지도 않은 한 물건이라면
구멍 뚫린 허공세계를 들여다보는 일
보고 듣고 느끼고 사무쳐 살아가는 자리

안도 바깥도 모양도 없는 마음속에
가깝지도 않고 멀지도 않은 한 많은 인생사
지혜의 칼을 뽑아 허공의 목을 내려치는
백 년 살이 목메어 우는 자리

하늘이 하늘을 우러러 보지 못하고
땅이 땅을 굽어보지 못하고
속박하거나 물들지 않는 인고의 참모습이여
공空과 명名과 본성을 드러낸 자리

산중 낙락장송이 참 푸르오
산 벚꽃도 참 어울려 신령스런 광음 색조 속에
펄럭이는 만장의 깃발 검은 삼족오 집안 소식
꽃상여 꽃길을 따라가는 자리

한 생각 환한 하늘이여

한 생각 환한 하늘이여
일삼음이 없는 실다운 푸른 경계여
바야흐로 형상이 없고 소리가 없고 냄새가 없고
모양이 없는 변화로 나타나는 참다움

열반 해탈의 장엄한 국토로부터
무엇에 의지해서 생긴 일의 세상만사 허깨비
불에 들어도 타지 않고 물에 빠져도 물들지 않고
진정으로 집착합이 없는 오롯한 마음

안에서나 바깥에서나 언제나
산천초목 청초한 풀잎과 청정한 대나무 정령과
시원도 없고 끝도 없는 천지의 빛살 속에
흰 구름 두어 송이 물소리 근심이 없는

한 생각 환한 하늘이여
열반 해탈의 장엄한 국토로부터
윤회의 정수리 생애의 탈바가지 비애인 것을
만상이 물속에 어리는 찬연한 빛같이 가슴 비추고

육신은 한 줌 흙이 되어 땅으로 돌아가고
슬픔은 한줄기 물이 되어 바다로 흘러가고
분노는 타오르는 불이 되어 재로 사라지고
영혼은 바람이 되어 허공으로 흩어지다

형체가 없는 밝은 정념 속에

형체가 없는 밝은 정념正念 속에
한 생각 한 마음이 청정한 빛이라면
열반 나귀나 소 말뚝에 얽매어 끄달리면서도
칼 쓰고 족쇄 찬 시방세계를 단연코 꿰뚫으리라

인연 따라 업장을 녹여내듯
뼈를 드러내고 골수를 뽑아내듯
자유 없는 노예로 얽매어 신음할지라도
가는 곳마다 형체가 공할 줄 알면 해탈이려니

진흙 속에 짓밟히고 짓밟혀서라도
뜨거운 불구덩이에 들어가 구워낸 질그릇이 될지라도
티 없이 빛나는 둥근 달빛 백자 항아리가 되어
참으로 바른 안목을 얻은 자리

평상심 그대로 일 없는 사람
눈앞에 작용하는 모든 이름과 개념이 떠난 사람
똥 싸고 배고프면 밥 먹고 졸리면 잠자는 사람
참 어리석다 참 바보 같다 비웃겠지만

무간나락 업보를 벗어난 사람
큰 해탈 바다의 극락문도 지옥문도 깨부수는 사람
자연이 베풀어 준 미래의 초록시간 너머
수저통에 어리는 노을빛 저녁밥상을 맞으리라

부싯돌 그어 번갯불을 일으킨 뜻

부싯돌 그어 번갯불을 일으킨 뜻
한 등불이 천년의 어둠을 밝힌 뜻
뼛속까지 사무쳐 혈맥을 관통한 뜻
한 기틀을 세운 진언의 한마디

진심이 바로 무심삼매라 이른 뜻
망념의 구름이 걷힌 심성을 드러낸 자리
잠깐 꿈속 세상 이슬 한 방울 같은
하늘에 넘치는 붉은 죄업 꽃 송아리들

청천백일 아래 드러난 허화들
변질되고 이단사설 같은 감언이설들
자나 깨나 언제나 사무쳐 한결 같은 마음자리
남을 속이고 자신을 속이며 살다가 덧없이 죽어가랴

적연한 자연 무위사상 같은 일화세계
회광반조 소소영령한 자리 헛되게 세월을 방일하랴
근신하고 초조하게 뜻을 읽은 사람처럼
죄업을 벗어나 성심으로 참회하느니

허물없이 가엾이 여기는 자비심과
안과 밖의 경계가 허물어져 부끄럼이 없는 무아의 강을 건너
본래 자성이 청정한 심행처 푸른 산 정수리
빛 뿌린 광음 세계를 초연히 걸어가리라

칼날이여 불꽃이여

칼날이여 불꽃이여
장부의 지혜여 망심을 버리고
보배달 머금은 높고 맑은 하늘같이
단박에 외도의 붉은 목을 베다

모양 없는 진실한 모습이여
마음의 거울 확연히 비치는 세상사
안과 밖이 뒤바뀌는 변화
삼라만상의 그림자

아득하고 끝없는 앙화
뚜렷이 밝힌 한 덩이 인과뿐이랴
집착하면 큰 병이 되느니
물과 불이 뛰어들으랴

망심을 다 버린 자리
취사하여 진실을 얻은 공덕
말미암은 지견이 있고 없고
아들로 삼아 살리니

천리마를 휘몰아 타고
우레 진동하는 법고소리여
감로수 뿌린 용상이여
손가락 튕기다

한 번도 초록시간 너머

한 번도 초록시간 너머 살아보지 못하고
필생을 뜻 없이 미치광이로 마친다고 생각하면
도리에 묵은 빚 수심망 업장만 깊어지고
헛되이 괴이한 짓 망심 뿐이랴

병들어 의왕을 만난들
구제받지 못하는 명약 처방
하염없이 타오르는 욕망의 불꽃 심지
연꽃 한 송아리 어찌 피워서 향기로우랴

산 채로 지옥에 떨어진들
이름과 모양 분별함이 없는 자리
빈 손 빈 주먹 둥근 만월의 푸른 경계
실다운 빛 가리키는 손가락

만량 황금 같은 육신을 녹이듯
뼈가 가루되어 몸을 부수듯
대천세계 번갯불 스쳐가는 무쇠바퀴 앞에
위풍당당이 길을 건너가는 버마재비 누가 막으랴

작은 날개 구애됨이 없이
큰 깨달음 창창한 발길 무심한 마음
털끝만큼 어긋남이 없는 천릿길 행로
단상의 구덩이 옳고 그름이 어디 있으랴

무엇이 서럽고 애달프랴

무엇이 서럽고 애달프랴
본래 성품이 청정하여 뜬구름 세상 너머
언제나 고요한 광명세계 한결같고
망념이 흩어진 확연한 산정

내외명철한 마음의 고향
식심 해탈 반야 삼매 무념 속에
은은히 들려오는 산사의 종소리
청정법신불이 이 아니랴

앞 생각 뒷 생각
품어 안은 성품 자성의 깨우침
바르게 앉아 따르는 정오정각
구경묘각의 술잔이여

껄껄대는 너털웃음
한 상 차린 술상머리
허깨비 같은 몸 붙들지 마라
사대육신 놓아 버렸다

공하고 공한 적멸의 자리
참됨이 스스로 나타나는 일체의 묘용
밉다 곱다 싫다 좋다 무엇이 있으랴
무상한 술 한 잔에 취하고 만취했노라

무념무상 푸른 경계 너머

무념무상 푸른 경계 너머
광음의 풀잎에 내린 감로수처럼
갈고 닦고 일깨우고 망념망상을 다스리듯
털끝만큼도 꾸밈이 없는 농투성이

몸 가운데 참됨이 있는 씨알
청백 하늘 들녘의 보리밭 이랑마다 마음이 뜨거워지는
산봉우리에 또렷이 배고픈 낮달이 뜨고
원칙이 어긋남이 없는 인과의 열매

앉거나 눕거나 가거나 머물거나
정토의 땅 일행을 따르는 마음의 주인공
비추인 광음의 광채같이 모양에 집착하지 않고
무명을 근본으로 삼은 봄 향기 꽃소식

오랜 세월 깨닫지 못한 피 묻은 윤회처럼
무념무상의 때 저녁 종소리 풍상의 근원 풍화작용
지나간 지금의 생각과 미래의 생각이 끊긴 자리
만화방창 호시절 얽매이지 않은 자유

도원경의 복사꽃처럼 흐드러지게 핀 가지와
여울져 흐르는 진경산수의 풍경이 절정인 것을
나고 죽는 괴로운 바다에 벗어나지 못하고
스스로의 자성을 보지 못한 채 복밭만 구하랴

안으로 걸림이 없고

안으로 걸림이 없고
밖으로 어지러움이 없고
경계게 부딪쳐도 모양에 끄달이지 않고
자성이 깨끗하여 스스로 닦은 자리

망상의 먹구름 뜬구름이 걷히면
삼라만상 일월성신이 일시에 환히 나타나듯
본래 자성은 깨끗한 천공과 같아서
미망을 물리쳐 스스로 청정한 성품을 본다

악한 마음은 지옥과 같아서
착한 마음은 천당과 같아서
독과 해침은 축생의 길이요 나락이려니
자비의 지혜는 화신의 윗세계

한 생각 미혹했던 사람도
한 등불이 능히 천년의 어둠을 밝히듯
일심으로 사무쳐 깨우치면 보신불이 되느니
비롯함 없는 때로부터 과거를 버리고 미래만을 생각하자

항상 몸과 마음은 깨끗한 거울처럼
명철한 세상 광음색조의 시간을 초월하듯
바야흐로 구경열반 같은 장엄한 경계
원만 성취하여 수정영락이 고요히 비추이리라

일출산 월출산 상상봉우리에

일출산 월출산 상상봉우리에
날일달월이 찾아와 머리 풀어 비추이더니만
꽃살문 꽃소식 꽃 피고 꽃 지는 날
청대잎 푸른 하늘 청대바람 불어온다

영고의 북소리 오방색깔 고운 옷자락
시절 따라 인연 따라 갈아입은 산천 메아리
백천만겁 물줄기 출렁이는 큰 바다
망상망념이 씻긴 진귀한 보배

남도 없고 죽음도 없는 영토에서
버릴 것도 취할 것도 없는 한 생각 너머
마음 밖에 없는 오롯한 텅 빈 자리
삼라만상이 다 득음 아닌 것이 없다

자등명법등명自燈明法燈明 밝힌 등불 아래
때도 없이 근원으로 돌아가는 낙목한천 바람소리에
조작 시비 취사 단상이 끊긴 어지러움이 없는 평상심
진실을 세워 따로 망정이 없다

몸에 배인 근면 눈물어린 세상살이
청빈한 몸 누더기 옷 한 벌 초로인생
진정 본분 따라 행하듯 지은 죄업 씻고 지고
빛 광자 광음천지에 누리의 광채가 붉다

눈 귀 어두워지고

눈 귀 어두워지고
백발 주름살이 질 때
몸에 닥치는 슬픔과 애착이
마음속의 기도가 된다

어디에도 의지할 곳 없는 애고
갈 곳 모르는 덧없는 발뒤꿈치 짧은 인생사
이때 손발을 다 정리할레야 할 수 없고
명리이나 물질이 있다 해도 구제받지 못 한다

구원하듯 천당을 좋아하고
기옥을 두려워하는 붉은 속박에 묶여
푸른 경계를 반연할 뿐 반조할 줄 모르는
선악의 업연 한꺼번에 나타난다

찬란한 빛을 내는 장엄한 마지막 모습
업연을 녹여서 다음 생을 받게 되는 자리
망정을 다해서 티 하나 걸림이 없는 곳
밝은 마음 지혜가 열리는 해탈

매사 갖거나 버릴 것도 없고
간탐 질투 탐애 더러움과 청정함
안개 거친 하늘에 떠있는 해와 달같이
온 누리에 비추인 빛 의심과 착각이 없다

피눈물로 붉은 심장을 찔러

피눈물로 붉은 심장을 찔러
죽지 못해 통곡하는 애오라지 인생
수심 깊은 강물이 흘러가는 애고의 언덕
빛이여 하늘이여 이 빈손 잡아 주오

머문 바 없는 마음같이
부모님 태어나기 이전에 나는 누구 무엇인가
뜻을 헤아리는 견해 허깨비와도 같은 알음알이
보고 듣고 사랑하고 느끼는 것 뿐

이름 지어 끄달리는 장애 속에
머리 숙여 허공처럼 의지할 바 없는 굴레
바야흐로 가진 것 모든 것 모조리 버려야 하는
존재의 모양이 있는 것은 모두 허망할 뿐

육신의 만행 진여의 해탈
생사 번뇌 따위의 일체의 마음이여
몸과 마음을 함께 태운 빈자등불 밝힌 자리
잘 익은 열매 가득 찬 그윽한 향기

본래 내가 여기에 있는 것이 아니지만
없다는 견해도 이젠 내지 않으리라
본래 내가 여기에 없지 않았지만
있다는 견해도 이젠 내지 않으리라

그래도 웃어 봐

그래도 웃어 봐
그렇게 저렇게 울어 보고
바보가 다된 산하대지
풍화작용

외씨 버선코를 닮은
천하일색 월하미인이 나의 침실로 찾아와
달빛 스치는 물잠자리 비단 옷 벗는 소리에
밤이면 밤마다 몽정을 한다

범인도 성인도
환한 광음의 빛 생의 한복판
얻을 것도 잃을 것도 없는 가장자리
경계를 비추이는 광채

온 세상 허공세계
차별이 없는 한 마음의 본체 뿐
무상정각 보배 그릇에 담긴 초로인생
둥근 달집에 큰 불이 났다

그래도 웃어 봐
그렇게 저렇게 울어 보고
바보가 다된 산하대지
풍화작용

미래의 청색시간 너머

미래의 청색시간 너머
일 언 일 언 말 말 부언들이
물같이 흐르고 불같이 타오르는 춘하추동
바람 불어오는 필생의 언덕

석류 알 홍보석보다 빛나는 기억과
채워도 채워도 채워지지 않는 술잔 속에
일천 강에 비추이는 영혼의 입맙춤
텅 빈 만월의 둥근 얼굴 삶의 교훈

허리 굽은 지팡이 하나 꽂을 데 없는
진흙 속 윤회의 수레바퀴 피 묻은 인과의 열매
수저통에 눈물 어리는 석양빛 저녁노을
태양광선의 현란한 빛과 그림자

산굽이 청산자락 워낭소리 발자국
피의 피의 피륙을 짜는 수의 죄 많은 인생사
광음 산색이 물들어오는 먼 하늘나라 별의 고향
몽매에도 들여오는 낭랑한 목소리

나는 어쩌다가 이 세상 태어나와
사무쳐 부르는 노래 곡절 없는 피 가슴 언저리
텅 비어 가득 찬 동동 월 흰 손가락
그리움에 사무쳐 목에머 우는 다

인생의 꽃

내 쉬는 숨소리조차
들이 쉬는 숨 꼬리조차 보장받지 못하거늘
털끝만큼이라도 모자람이 없는
이 인생을 마치는 날

인연 따라 다하는 마지막 날
덧없음으로 돌아가는 무심한 물거품 번갯불 같은
나라고 내세울 것도 없는 존재의 집
남도 아닌 본래의 공적한 자리

보고 듣는 것은 마치 허깨비 같고
사량하고 느끼는 분별심은 알음알이 병폐
온갖 마구니 난장판 만행의 교화
생사 번뇌에 끄달이는 인생

가로막는 장애와 견해
버리지 못하는 인위적인 작위
허공세계로부터 의지할 바 없는
훌쩍 세상을 떠나는 자리

모든 것 마음으로 말미암아
보배 그릇으로 음식을 받아먹지만
한 마음일 뿐 밝은 광음의 빛 광채 속에
한 모양 있는 것은 모두 허망하다

흰 눈이 내리네

흰 눈이 내리네
천상에서 편편이 내리네
하염없이 끝없이 조각조각 내리네
내 마음 속에 내리네

사무치는 얼굴 뺨 위에
천상에서 편편이 흰 눈이 내리네
하염없이 끝없이 조각조각 내리네
내 마음 속에 내리네

어찌 꿈인들 너를 잊으리요
흰 눈이 펄펄 살아서 내리는 겨울날에
벙어리장갑을 끼고 함께 만든 작은 눈사람
밀짚모자 삐딱하게 쓴 세상살이

때 저녁 변두리 처마 끝에 붐비는 눈송이
구시통에 코를 박고 여물을 씹는 소방울 그리움같이
내 고향 초가집 마당에도 하늘정거장에도
흰 눈이 내리네 흰 눈이 내리네

거리거리마다 흰 눈이 내리네
천상에서 편편이 흰 눈이 내리네
하염없이 끝없이 조각조각 내리네
내 마음 속에 내리네

모양 없음을 몸 삼고
— 이 시집을 마무리하면서

모양 없음을 몸 삼고
머뭄 없음을 근본으로 삼는 일
기억 집착 망념 광망을 일으키지 않고
관조하여 무념무상의 도를 깨치듯이

보되 물들이지 않고 듣되 끄달이지 않고
마음은 늘 고요하여 한 생각 경계 너머
마음 안에 기틀을 세운 마음 안의 주인공
불언실행 비추이는 빛과 등불이여

가고 오지 않고 머물지도 않고
보태거나 덜어내거나 나누거나 어지러운 생각 없이
꿈속에서 깨어나서 한결같은 생의 유훈
정혜 등등한 죽음의 길 청정한 성품

항상 비추이고 항상 적멸한 자리
가슴에 묻은 자식 떠난 사람 차마 보내놓고
정혜의 쌍수 두 손 모아 기도하는 낭랑한 염불소리
서방정토 불국토 서방정토 불국토 왕생하시라

오롯한 마음의 자리 삼매에 든 참선
묘각정토 명철하여 자성 자오 깨끗한 연화세계
응당 걸림이 없는 번뇌와 자비심이 추호도 의심 없기를
아들아 참으로 미망으로부터 광음세상 해탈할 지어다

발문

경계를 지우는 슬픔의 응집

이덕주 시인 · 문학평론가

경계를 지우는 슬픔의 응집

이덕주 시인 · 문학평론가

1. 슬픔의 열림

박진용 시인의 시집, 『아들아』는 시인이 참척慘慽의 마음을 온몸으로 풀어낸 시집이다. 자식을 앞세운 아비가 자식의 죽음, 그 엇갈림이 오로지 '죄 많은 인간'인 화자, 자신의 탓이라고 실타래를 풀어헤치듯 시집의 면면마다 펼쳐놓는다.

시인은 자신의 『아들아』 속 아들에 대해 자신도 모르게 쓰고 또 쓴다. 어떤 의도 없이 아들을 떠올리며 그 단장斷腸의 슬픔을 쓰고 또 쓸 뿐이다. 제어할 수 없는 절통함이 눈앞을 가린다. 잘 써야 된다는 의식도 없이 그저 자식을 향한 마음으로 자식을 떠올리며 쓸 뿐이다. 여기에 어떤 설명도 필요 없고 어떤 문장의 수식도 중요하지 않다. 쓰고 또 써야 한다는 의지만 통용되고 확산된다.

시인은 자신이 쓴 '시인의 말'에서 "가슴에 묻은 아들/ 초목 강천을 불태워 물들인 자리"인 이 시집에 "내 너의 꿈과 한을 여기 시집에 새긴다"고 고변한다. 시편마다 이처럼 시인이 아들을 향해 올곧게 시를 쓰는 것은 자식에 대한 마음 속 경계를 지우고 또 지워나가는 일이다.

시인은 아들의 죽음에 대해 시를 쓰면서 아들과 무수한 대화를 한다. 그때마다 아들에게 묻는다. "그래, 내가 이렇게 하면 되겠니?" 대답할 수 없는 아들은 아버지를 보며 그저 말없이 슬픈 표정을 짓고만 있을 뿐이다. 대답 없는 아들을 위해 시인이 할 수 있는 일은 그저 또 다시 아들을 향해, 그 아들의 마음속을 들어가기 위해 쓰고 쓰면서 끊임없는 질문을 반복할 뿐이다.

이러한 시인의 시적 행위는 아들의 죽음에 대한 슬픔도 원망도 희석시켜 아들과 화합하는 일이다. 아들을 향해 시를 쓰는 과정에서 시인은 아들과 대화를 통한 깨달음으로 인식의 방향을 전환한다. 그에 의해 시인인 아버지는 또 다른 아버지로 먼저 저세상으로 떠나간 아들과 서로 용서를 하며 아들과 하나가 되려 한다.

2. 슬픔의 확산

시인은 스스로 제어할 수 없는 슬픔의 국면에 빠져 자신의 힘으로는 그 국면을 벗어나지 못하고 있다. 슬픔을 연속해서 드러내는 것이 슬픔을 이기는 방식이라고 하듯 어쩌면 그는 슬픔을 극복하기 위해 그 슬픔의 중심으로 자청해서 걸어 들어갔는지도 모른다.

제행무상 제행무상 물방울 튕기는 덧없는 인생
시샘하듯 휘몰아치는 폭풍의 땅 빛과 그림자의 향기여
홀연한 세상 명멸의 환한 이름이여 붉은 꽃이여
동해 바다 에메랄드빛 텅 빈 하늘 속이다

용해된 금빛 진흙 속에 반짝이는 기억들이
번영과 삶을 위해 머리털 엉킨 창백한 수레바퀴여
머뭇거리는 생애의 모진 가시밭길 풍파 속에
멀어져 가는 세월 속에 오늘은 오늘이다

흰빛과 흰 그림자와 피눈물 발돋움 그리움 속에
우주의 빛을 모아 명멸의 불꽃을 태우는 통곡의 메아리
청색시간 너머 끝없는 태양광선의 피부여 피고름이여
어우러진 푸르른 창공의 날갯짓이여 영혼의 키스여

꽃가루 같은 꽃가루 같은 작고 빛나는 영고성쇠 속에
영원한 불기둥 같은 광음 속으로 파고드는 분노의 어리석음뿐
얼마 남지 않은 아직 살아보지 않은 시간의 분말들

지울 수 없는 핏빛 가슴을 태운다 마지막 맑은 공기를 마셔본다

생명의 화덕 통곡의 눈물로 일용할 빵을 굽듯 슬픔을 씻고
대답 없는 너의 유골을 두 손에 꼭 움켜쥔 채 거친 물결 위에 흩뿌렸다
자꾸만 뒤돌아보는 생의 골짜기 철썩이는 바다 텅 빈 허공의 말씀
눈에 밟히는 적멸시공이다 동해 바다 에메랄드빛 하늘 속이다
—「제행무상 – 아들의 명복을 빌면서」 전문

'제행무상諸行無常'은 인연화합에 의해 만들어진 모든 것은 인연이 다하면 항상 변화하고 사라지는 것을 의미한다. 끊임없는 변화를 일으키기에 그 어떤 것도 내 것이라는 애착을 지닐 것도 없다는 의미를 포괄적으로 함의한다고 할 수 있다.

시의 화자는 이 시의 부제에서 '아들의 명복을 빌면서'라고 하듯 아들과 함께했던 시간을 떠올리며 아들의 마음을 대변하려 한다. 화자는 아들의 죽음에 대해 "제행무상 제행무상" 외치며 "물방울 튕기는 덧없는 인생"과 다름 아니라고 여긴다. 불교의 가장 기본교의인 삼법인三法印 중 '제행무상'을 반복해서 염송하며 그것이 자신이 자식에게 줄 수 있는 최선의 명복이라고 여긴다.

그 때문에 아들을 향해 "홀연한 세상 명멸의 환한 이름이여 붉은 꽃이여" 외치는 것은 적극적인 슬픔의 지향이 된다. 아들의 이름을 귀한 존재로 환치하여 부르는 것이다. 그야말로 화자의 자식인 '아들'은 지금 여기 있는 화자에게 '제행무상'을 일깨우며 그 이상의 의미를 지니게 한다.

화자는 지금 살아있던 아들의 몸을 화장장에서 불태우고 있다. 그곳에서 아버지인 화자는 아들의 육신이 타고 있는 것을 바라보며 "우주의 빛을 모아 명멸의 불꽃을 태우는 통곡의 메아리"를 듣고 있다고 생각한다. 그 순간 화자는 자신을 향해 "영원한 불기둥 같은 광음 속으로 파고드는 분노의 어리석음뿐"이라며 자신을 질책한다. 아들의 몸체가 불타고 있다는 그 사실에 대해 "얼마 남지 않은 아직 살아보지 않은 시간의 분말들"임을 깊게 인식하려 한다.

아들의 육신이라는 형태마저 불태우며 “지울 수 없는 핏빛 가슴을 태운다 마지막 맑은 공기를 마셔본다”고 남은 아들의 몸이 세상과 접할 수 있는 마지막 인연이 다하고 있음을 수용하려 한다. 이처럼 아들의 화장에 대해 마치 아들의 마음을 대변하듯 자신의 슬픔을 드러내며 동시에 초극하려 한다.

화자는 “통곡의 눈물로 일용할 빵을 굽듯 슬픔을 씻고” 자식의 유골함을 받아들고는 “대답 없는 너의 유골을 두 손에 꼭 움켜쥔 채 거친 물결 위에 흩뿌”린다. 화자인 아버지는 ‘두 손에 움켜진 유골’을 보며 자식의 얼굴을 떠올린다. 그것은 자식을 화자가 자신의 곁에서 떠나보내는 의식이다. 이러한 의식은 화자에게 자식의 죽음에 대해 “눈에 밟히는 적멸시공이다”라고 결론을 내리는 이유가 되기도 한다.

이 시 「제행무상」은 화자가 자식을 잃는 돌연한 슬픔을 극복하기 위해 “제행무상 제행무상” 외칠 수밖에 없는 그 절절한 심경의 변화를 마치 영상일지처럼 보여준다. 화자의 자식에 대한 슬픔이 어디까지 닿고 있는지 그 추이를 알게 한다. 화자의 슬픔의 깊이는 참으로 측량이 되지 않는다. 그것은 슬픔의 극점까지 가는 자식을 잃은 단장斷腸의 슬픔이기 때문이다.

세상이라 불리는 이름보다 더
어리석은 일은 인생이라 불리는 붉은 덫이 아닐까
하늘에는 우산도 없이 먹구름이 주야장천 떠가고
항상 늘 열려 있는 푸른 장천의 눈부심

사바세계 물잠자리 무명 흰옷자락
오방 정토의 색깔 무지갯빛 검은 눈물이여
사막의 여행자 태양의 동행인
달빛 그물에 파닥이는 은총이여

나를 잃어버린 파랑 물결 보금자리
마침내 나 자신을 찾아 눈 뜨는 천둥 목소리
청산의 새 옷 한 벌 훔쳐 입고

슬픈 노래 지저귀는 새들의 현관

칠흑 밤 어둠 뒤에 오는 새벽 아침
암장된 심장 흰빛에 대해 숙고하는 시간
눈물의 갈증 폭풍의 미덕 모호한 명확성 그리고
비로소 죽음의 평화를 얻는 자리

비존재로 이루어진 삶의 은신처
험한 물질 새 한 마리 나는 미끄러운 물고기
부서지는 뼛조각 형상의 날개여 번쩍이는 비늘이여
천 개의 언덕 위에 천 개의 달이 뜬다
—「세상이라 불리는 이름보다 더」 전문

시의 화자는 자신이 살아온 인생에 비견하여 세상에 존재하는 두두물물頭頭物物에 대해 긍정과 부정이 교차된 시선을 보낸다. "하늘에는 우산도 없이 먹구름이 주야장천 떠가고" 있듯이 부정이 앞서 있다가 "항상 늘 열려 있는 푸른 장천의 눈부심"이라고 하듯 다시 긍정이 앞서 있기를 반복한다. "오방 정토의 색깔 무지갯빛"이라는 긍정적인 시선도 바로 "검은 눈물이여"라는 부정적 시선으로 이어지며 긍정과 부정을 교차시킨다. 이어서 "달빛 그물에 파닥이는" 부정적 장면을 "은총이여"라는 긍정적인 장면으로 전환하는 것도 이와 마찬가지라고 할 수 있다.

이처럼 화자의 심중은 연속적으로 변화를 일으키며 쉬지 않고 긍정과 부정적인 장면으로 전환하기를 반복한다. 화자는 세상에 대해 긍정을 하며 온유하게 수용하려 한다. 하지만 먼저 간 아들을 떠올리면 화자는 자신이 존재하는 세상에 대해 부정하고 싶은 마음만 다시 앞선다.

자신과 다름없는 아들이 세상에 존재하고 있지 않으니 세상을 부정해야 하는데 화자가 눈을 뜨면 여전히 자신의 눈앞에는 자식의 죽음과 상관없이 일상이 운행되고 있다. 화자는 그러한 일상을 수용하려 잠시 현실로 고개를 돌려보지만 생전의 아들모습을 차마 지우지 못한다. 아들의 생생한 생시의 얼굴을 떠올리며 화자는 자신도 모르게 '가슴에 있는 아들'을 다시 보고 싶어 한다. 도무지 자신의 힘으로 제어를 하지 못한다.

화자는 자신도 주체하지 못하는 시간의 끝에 "칠흑 밤 어둠 뒤에 오는 새벽 아침"을 맞는다. 어둠이 다하면 밝음이 오듯이 그 새벽 아침에 "암장된 심장 흰빛에 대해 숙고하는 시간"을 경건하게 접응한다.

화자는 그곳을 "비로소 죽음의 평화를 얻는 자리"라고 지칭한다. 그 "비존재로 이루어진 삶의 은신처"에서 "천 개의 언덕 위에 천 개의 달이 뜬다"고 하듯이 화자는 '천 개의 기원'을 아들에게 보내려 한다. 화자의 아들이 '천 개의 평화'를 얻기를 간절히 기원하는 마음을 올곧이 드러낸다.

발자국만 남기고 간 땅
봄비가 내리는 외로운 무덤
울음 몇 잔 부어놓은 저녁노을
가시나무 초록 줄기는 갉아 먹히고 잎은 떨어졌다

야망을 이뤄낸 땅
세상의 모든 색깔과 교훈을 얻은 땅
상상할 수 있는 해안선에서
파도보다 빛나는 새

눈에 넣어도 아프지 않은
지상에서 빽빽하게 서 있는 낙화송이 꽃일 때
가난과 고통 눈물만 키워놓은 다사로운 붉은 철쭉
가슴 속에 묻어놓은 산울림 하늘메아리

산 속 개울물에 녹아내리는 꽃향기 그리움
살아 있는 죽음 또 하나의 애무 또 하나의 상처 불꽃의 향기
빨간 미소 핏기 없는 잘 익은 가을바람 귀를 씻고 지고
기다려도 기다려도 돌아오지 않는 천리 밖 강물소리

잠을 덜어낸 꿈으로 젖은 땅
시작과 끝이 없는 밭이랑에 삶을 한 데 모으고
부끄러운 가슴을 열고 달려가는 움직임
사랑할수록 외로워지는 오솔길
—「발자국만 남기고 간 땅」 전문

시의 화자는 먼저 보낸 아들의 환영이 눈에 보이는 모든 사물들에게 스며있다고 여긴다. 아들이 비록 눈에 보이지 않지만 어딘가에 발자취를 남기며 존재하고 있다는 집념을 지우지 못한다. 화자는 이 세상 어딘가에 아들이 미미하게라도 존재하기를 긍정하며 자신이 서있는 이곳이 아들이 "발자국만 남기고 간 땅"이 될 수도 있음을 확인하려 한다. 화자가 "상상할 수 있는 해안선에서" 자신의 아들이 "파도보다 빛나는 새"처럼 존재하기를 간절하게 염원하는 화자다.

아들의 목소리가 "가슴 속에 묻어놓은 산울림 하늘메아리"로 퍼져나가길 기원하는 화자는 "산 속 개울물에 녹아내리는 꽃향기 그리움"을 감내하며 아들의 죽음에 대해 수용을 하지 못한 채 여전히 부정과 긍정을 교차시킨다. "살아 있는 죽음 또 하나의 애무 또 하나의 상처 불꽃의 향기"라는 국면이 어느 쪽에도 기울지 못하는 화자의 내면을 드러낸다고 할 수 있다.

화자는 아들이 존재했던 이 땅에서 아들의 소리를 "기다려도 기다려도 돌아오지 않는 천리 밖 강물소리"를 환청처럼 듣고 있다. 이 또한 존재하지 않는 아들에 대한 그리움의 투사다. 화자는 "시작과 끝이 없는 밭이랑에 삶을 한 데 모으"듯 나름 자신이 해야 할 일에 몰입하려고 하지만 아들에 대한 흔적을 내면에 남겨두고 다른 일을 하지 못한다. 아들에 대한 그리움이 확산되기 시작하면 화자 스스로 통제를 할 수 없는 지경이 되고 만다.

화자에게 아들에 대한 연민이 잔존하는 한 "사랑할수록 외로워지는 오솔길"이 되게 하고 그 땅은 "발자국만 남기고 간 땅"이 될 수밖에 없다. 자식에 대한 아버지의 정념이 이렇게 "사랑할수록 외로워지는 오솔길"이라는 극한의 지점에 가닿는다.

3. 슬픔의 진행

시인은 아들의 죽음을 통하여 아들을 자신보다 더 사랑하고 있음을 뒤늦게 깨우친다. 시간이 지나면 잊게 될 줄 예감했는데 시간이 지날수록 오히려 아들에 대한 그리움을 감당할 수 없게 된다. 그만큼 시인의 아들은 시인의 가슴속을 점유하고 있다. 시인은 그런 아들에게 자신의 진심어린 소리를 들려주며 아들과 화합하고 합체하려 한다.

온몸에 감긴 108번뇌 108번뇌
이슬 같은 눈물 흘리는 검은 염주 알
내 안의 목탁소리

(……)

쉼 없는 광음의 흐름 속에
끊임없는 염송삼매 일심에 사로잡혀
울퉁불퉁한 길 해안으로 통하는 현 시점
불경이 나를 읽는다
—「불경이 나를 읽는다」 부분

화자는 아들의 죽음을 자신의 잘못 때문이라며 그 이유는 자신이 안고 있는 "온몸에 감긴 108번뇌"에 기인한다고 여긴다. 그 이유로 화자는 108염주를 항상 몸에 지니고 다닌다. 화자는 108개의 번뇌를 소멸하고 108개의 삼매를 증득하기 위해 108염주를 하나씩 돌리며 염송하기를 그치지 않는다.

화자는 자신을 투영시킨 108개의 "이슬 같은 눈물 흘리는 검은 염주 알"을 돌리며 화자 내면의 "내 안의 목탁소리"를 들으려 한다. 아들이 먼저 저 세상에 간 이유를 자신이 108번뇌를 안고 있기 때문이라고 여긴다.

화자는 "끊임없는 염송삼매 일심에 사로잡혀"있는 자신을 바라본다. 자신마저 잊고 오로지 염불을 하며 염송삼매경에 빠져 든다. 그 몰입의 순간, 화자는 자신이 읽고 있는 불경의 글자들과 하나가 됨을 감득한다. 혼연일체가 되는 경지에 가닿는다. 그 순간 자신이 불경을 읽는 것이 아니고 "불경이 나를 읽는다."는 경지를 체감한다. 이 또한 아들에 대한 지고지순한 애정의 극한 지점이다.

이젠 자연으로 돌아가자
인동넝쿨 타고 올라가는 오두막집
앞서 여름이 먼저 도착한 돌담 울타리
오랜 참을성의 앞강물이 흐른다

(……)

눈길손길 닿는 씨알들이 부푼 신선한 부활들
종처럼 울리는 살아 있는 모든 것 편히 숨 쉬게 하는
산야초의 꿀벌통처럼 가득 채운 야생의 향기
잃어버린 자신을 찾아 법등을 밝힌다
—「이젠 자연으로 돌아가자」 부분

화자는 자신의 아들이 아직도 구천에 떠돌고 있다고 여기며 이제는 그곳에서 벗어나기를 간구하며 아들에게 호소하듯 외친다. 자신이 이토록 간절하게 아들의 평안을 기원하는데 이러한 아버지의 마음을 헤아려 "이젠 자연으로 돌아가자"고 아들에게 권유한다.

그곳, 아버지와 아들이 머물 장소는 "인동넝쿨 타고 올라가는 오두막집"이며 시절보다 "앞서 여름이 먼저 도착한 돌담 울타리"가 정겹게 쳐있는 곳이다. 그 '오두막집'은 어쩌면 아들이 성장하던 장소와 유사할 듯하다. 화자에게 고향 같은 곳이며 부자父子의 귀소지라고 할 수 있다.

그곳은 또한 "종처럼 울리는 살아 있는 모든 것 편히 숨 쉬게 하는" 아늑하고 포근한 정경과 함께 "산야초의 꿀벌통처럼 가득 채운 야생의 향기"가 넘쳐날 듯하다. 순수한 자연의 향기가 가득 퍼지는 그곳에서 "잃어버린 자신을 찾아 법등을 밝"게 하며 자연과 하나로 동화되는 일이기도 하다. 아들과 함께 영원히 머물 그곳은 화자가 자연으로 돌아가 일체화된 경지를 드러내는 된 공간이라고 할 수 있다.

생과 멸이 끊이지 않고
순간순간 새롭게 일어나고
앞생각뒷생각 서로 이어져 돌아가는
윤회의 두 수레바퀴

이 몸은 아침이슬이라 하고
이 목숨은 지는 햇빛 같다 하느니
본래부터 스스로 공한 줄을 알고 닦아
목석과도 다른 묵언 속에

밖으로 모든 인연을 끊고
안으로 헐떡거림이 없는 고요히 비추이는 자리
뚜렷이 밝고 사무치는 반조 천연한 성품
선행도 악행도 짓지 않은 심안의 계율

이를테면 허물을 뉘우쳐 부끄러워하고
널리 예경 찬탄하고 기뻐함을 권청하는 속생활
맹세코 미래의 세상이 다하도록 이끌어가는 대열반의 소식
상념의 날개가 편히 머무는 곳

비추어 어둡지 않고 공한 지혜 속에
여의주를 손에 쥐고 있는 빛과 보배스러운 길
공하고 공한 변두리 한복판 환히 트인 모양
가고 가듯 이루기를 기다리는 해탈

—「생과 멸이 끊이지 않고」전문

시의 화자는 자식의 죽음을 "생과 멸이 끊이지 않고" 이어지고 있다고 "윤회의 두 수레바퀴"를 수용하려 한다. 생멸과 함께 반복되

는 윤회를 긍정하며 신뢰하기에 화자는 자신의 죽음이 다시 생으로 전환되고 있음을 수긍하려고 한다.

화자가 "이 몸은 아침이슬이라 하고" 동시에 "이 목숨은 지는 햇빛 같다"는 것은 우주에 존재하는 모든 '두두물물'이 탄생, 존속, 파괴, 사멸을 반복하며 끊임없이 변화를 계속하고 있는 성주괴공成住壞空을 형상화했다고 할 수 있다. 이처럼 화자는 자신이 "본래부터 스스로 공한 줄을 알고 닦"는 묵언정진의 수행을 계속하려 한다.

그 마음자리는 "밖으로 모든 인연을 끊고/ 안으로 헐떡거림이 없는 고요히 비추이는 자리"다. 화자는 그곳에서 "천연한 성품"으로 "선행도 악행도 짓지 않은 심안의 계율"을 지키며 마음의 평정을 이루려 한다.

그 목적은 물론 화자가 말하는 "미래의 세상이 다하도록 이끌어 가는 대열반의 소식"이다. "비추어 어둡지 않고 공한 지혜 속에" 화자는 자신이 "가고 가듯 이루기를 기다리는 해탈"이 성취되기를 간구한다. 이 또한 아들의 마음과 연결시켜 아들과 하나의 몸체로서 함께 해탈에 이르고자 하는 아버지의 속 깊은 부정父情을 실현하기 위한 돌연한 의지이다.

길이 끊어졌다
마음 가는 곳이 사라졌다
깊이 생각하려 해도 생각이 없다
말을 하려해도 말을 잃었다

(……)

어긋남이 없는 청정한 법계 환한 어두움 속에
둘 아닌 참 마음으로 천 갈래 만 갈래 찢긴 가슴
인과의 성문을 두드리며 흐르는 피눈물을 남몰래 닦으며
아들아 너의 이름을 초가지붕 위에 올라가 목 놓아 부른다
—「길이 끊어졌다」 부분

화자는 아들과 생주이멸生住異滅을 체감하면서 아들과의 인연을

서서히 매듭지으려 한다. 슬픔의 극점에서 "마음 가는 곳이 사라졌"음을 절감하며 "깊이 생각하려 해도 생각이 없다"는 사실을 수용하려 한다. 이제는 "말을 하려해도 말을 잃었다"고 말할 수밖에 없는 정황에 이른다. 화자는 그동안 아들도 자신을 그리워했다고 믿으려 했다. 그렇게 일심동체가 되던 아들을 가슴에 묻으려 한다. 영원히 매듭지을 수 없는 인연이지만 그래도 아들을 떠나보내며 매듭지으려 한다.

화자는 "어긋남이 없는 청정한 법계 환한 어두움 속에" 서있는 자신을 응시하며 "둘 아닌 참 마음으로 천 갈래 만 갈래 찢긴 가슴"을 스스로 봉합하려 한다. 아들과 연결하는 "길이 끊어졌"음을 수긍하기 때문이다. 그러한 화자의 '찢긴 가슴' 속에는 아들이 아버지와 함께 "둘 아닌 참 마음"으로 공존하고 있다고 보아진다.

이제 화자는 자식과 맺은 "인과의 성문을 두드리며 흐르는 피눈물을 남몰래 닦으며" '아들아! 아들아!' 그침 없이 연속해서 소리친다. 아들의 "이름을 초가지붕 위에 올라가 목 놓아 부"르고 부른다. 마치 초혼제를 하듯 아들을 불러보지만 아들은 이제 돌아오지 않는다. 올 수 없는 아들이라는 사실을 분명히 인지하면서도 화자는 지붕위에 올라가 하늘을 향해 아들을 부를 수밖에 없는 자신을 무연히 바라볼 뿐이다.

4. 슬픔의 응집

"일체의 모든 현상은 꿈과 같고, 환영과 물거품, 그림자 같다. 이슬과 같고 또 번개와 같다. 마땅히 이와 같이 관할지니라."[一切有爲法 如夢幻泡影 如露亦如電 應作如是觀] 『금강경』사구게는 공사상을 여섯 가지 비유로써 형상화하고 있다. 이처럼 인생은 잠시 망념에 빠진 꿈일 뿐이다. 실체가 사라지는 허상에 집착하다가 한순간 떠나는 것이 우리들 인생이다. 이러한 무상의 깨달음을 부처님은『금강경』을 통해 우리에게 가르쳐준다.

박진용 시인의 시집, 『아들아』는『금강경』의 사구게를 직접 몸으로 체감하듯 아들을 잃은 슬픔을 녹여내며 승화시킨 시집이다. 자식을 앞세운 아비가 하늘을 향해 용서를 비는 비통한 울음의 기록이다. 슬픔의 끝에 닿은 그 절절한 마음속 통한을 붓의 힘으로 녹여내려는 시인의 흔들리는 절규가 시집의 편편마다 넘쳐흐른다.

구절구절 배어있는 슬픔의 노래는 쓰고 또 써도 시인의 몸속 어딘가에서 다시 분출된다. 시인이 '제행무상, 제행무상' 외치면서 마음을 다독여 보지만 그때뿐이다. 그래도 시인은 겨우겨우 마음을 추슬러 '가슴에 묻은 아들'을 위해 아들의 '꿈과 한'을 시집에 새기고 또 새긴다. 피눈물로 쓴 시를 하늘과 땅에 바치려 한다.

그 때문인가? 마음의 눈물을 닦지도 못하고 통절의 아픔을 쏟아내는 시인의 시집,『아들아』를 통해 시인의 마음과 연결된 우리는 '아들아! 아들아!' 외치는 시인의 마음에 빠르게 전염되고 동화될 수밖에 없다

시인의 눈물을 그치게 하는 일은 이제 시인과 동감이 되어야 한다. 바닥까지 내려가 합장 기도하는 시인의 마음과 하나가 되어야 한다. 그렇게 다함께 시집을 읽으며 시집의 처처마다 응집된 마음으로 기원을 보낸다면 시집,『아들아』를 저 하늘에서 읽는 시인의 아들은 간절히 기도하는 아버지를 위해, 기원을 보내는 우리들을 위해 자신이 지은 백팔번뇌를 단번에 떨쳐 내리라. 그리하여 이승과 저승을 떠도는 혼백은 시인이 아들아! 외치는 간절한 희원 그대로 경계를 지우며 차안과 피안이 하나가 된 본래 자리를 찾아가리라.

아들아

박진용 시집

발　행 2018년 4월 30일
지은이 박진용
펴낸이 반송림
편　집 • 디자인 김지호
펴 낸 곳 도서출판 지혜
　　　계간시전문지 애지
기획위원 반경환 이형권 황정산
주　소 34624 대전광역시 동구 선화로 203-1, 2층 도서출판 지혜(삼성동)
전　화 042-625-1140
팩　스 042-627-1140
전자우편 ejisarang@hanmail.net
애지카페 cafe.daum.net/ejiliterature

ISBN : 979-11-5728-274-6 03810
값 12,000원